W0069450

# Sardinien

## von Caterina Mesina

**Caterina Mesina,** in Rom geboren, begann bereits während ihres Studiums der Geschichte, Germanistik und Romanistik Studienfahrten durch Italien zu leiten. Daneben hat sie zahlreiche Reisebücher zu den verschiedenen Regionen Italiens verfasst; im Jahr 2000 bekam sie den Preis des italienischen Fremdenverkehrsamtes ENIT für den besten deutschsprachigen Reiseführer über die Emilia-Romagna. Ihre Liebe gehört von Kindesbeinen an Sardinien, der Heimat ihrer Großeltern.

www.vistapoint.de

# Inhalt

## Willkommen & Top 10

## Chronik

## Vista Points – Sehenswertes

## Service von A–Z

## Sprachführer

## Extras – Zusatzinformationen

## Zeichenerklärung

 **Top 10**
Das sollte man gesehen haben, s. vordere und hintere Umschlagklappe.

 **Vista Point**
Reiseregionen, Orte und Sehenswürdigkeiten

 **Symbole**
Verwendete Symbole s. hintere innere Umschlagklappe.

 **Kartensymbol:** Verweist auf das entsprechende Planquadrat der ausfaltbaren Landkarte bzw. der Detailpläne im Buch.

# Willkommen auf Sardinien

Wie ein eigener kleiner Kontinent im Mittelmeer liegt Sardinien fernab der Küsten Europas und Afrikas. Von der Hektik des italienischen Festlandes weht nur in den Sommermonaten ein schwacher Hauch über das karibikblaue Meer, wenn Mailänder, Römer und andere Großstädter ihre Lieblingsinsel aufsuchen. Denn hier sind die Strände größtenteils noch unverbaut und das Wasser kristallklar.

Eine bizarre, fast unberührte Bergwelt präsentieren das Gennargentu-Massiv und der Supramonte. Der Zugang zur Unterwelt führt auf Sardinien übers Wasser. Die weitverzweigten Höhlensysteme der Grotta del Bue Marino oder der Grotta del Nettuno sind am einfachsten per Boot zu erreichen. Aber Sardinien bietet viel mehr als nur eine faszinierend abwechslungsreiche Natur. Geheimnisvoll ragen die gewaltigen Steintürme aus der längst versunkenen Nuraghen-Kultur zu Tausenden in den sardischen Himmel. Gigantengräber, Feenhäuser und Dolmen beflügeln die Fantasien aller Altersklassen.

Mit der Ankunft von Phöniziern entstanden Handelsstützpunkte wie Nora oder Tharros, deren Ausgrabungen noch heute Zeugnis eines regen Warenumsatzes ablegen. Thermen, Theater und Aquädukte erzählen von der Zeit Sardiniens als eine der Kornkammern des Römischen Reichs. Meisterwerke der romanisch-pisanischen Sakralarchitektur finden wir im Hinterland von Sassari.

Wer jetzt befürchtet, Sardinien lebe in seiner Vergangenheit, der täuscht sich gewaltig. Vor allem in Alghero und den beiden Universitätsstädten Cagliari und Sassari pulsiert das moderne Leben, locken Bars, Cafés und Trattorien. Vielfältig wie Natur und Kultur zeigt sich auch die sardische Küche. Während entlang den Küsten naturgemäß Fisch und Meeresfrüchte die Speisekarte prägen, behalten im Inselinneren und im Bergland Fleisch und Gemüse die Oberhand. Samtig und schwer oder leicht und spritzig begleiten sonnenverwöhnte Weine wie Cannonau oder Vermentino die Speisen. Und wer nach so viel Schönem für Geist, Seele und Gaumen erst einmal ein Schnäpschen braucht, dem sei ein *Filu 'e Ferru* empfohlen, Sardiniens Antwort auf den Grappa.

*Die naturbelassene Küste der Costa Smeralda*

## Daten zur Geschichte

| | |
|---|---|
| **150 000–15 000 v. Chr.** | In Nordsardinien (Perfugas–SS) gefundene Steinwerkzeuge verweisen auf menschliches Leben bereits seit Beginn der Altsteinzeit, die ersten menschlichen Knochenfunde stammen allerdings erst aus dem 15. Jh. v. Chr. |
| **Ab 6000 v. Chr.** | Die Menschen betreiben Ackerbau und Viehzucht. Ein Exportschlager im ganzen westlichen Mittelmeerraum ist das Vulkanglas Obsidian, das bei Werkzeugen und Waffen wegen seiner scharfen Kanten verarbeitet wird. |
| **3300–2480 v. Chr.** | Als erste autonome Kultur bildet sich die sogenannte Ozieri-Kultur vor allem im Norden Sardiniens aus, charakterisiert durch kunstvoll verzierte Keramik und zahlreiche weibliche Kalksteinidole. Von enormer Größe sind ihre Felskammergräber, die sogenannten *Domus de Janas* (Feenhäuser) wie in Sant'Andrea Priu oder Montessu. Daneben finden sich auch die für die Megalithkultur typischen Dolmengräber und Menhire. |
| **Ab 1800–300 v. Chr.** | In der Bronzezeit entwickelt sich die eigenständige Nuraghen-Kultur, die sich durch drei verschiedene Architekturformen auszeichnet: die Nuraghen, kegelförmige, hohe Wehrtürme aus Stein; die Gigan- |

*Ansicht von Cagliari auf einem Kupferstich von Georg Braun und Frans Hogenberg (Köln, um 1572)*

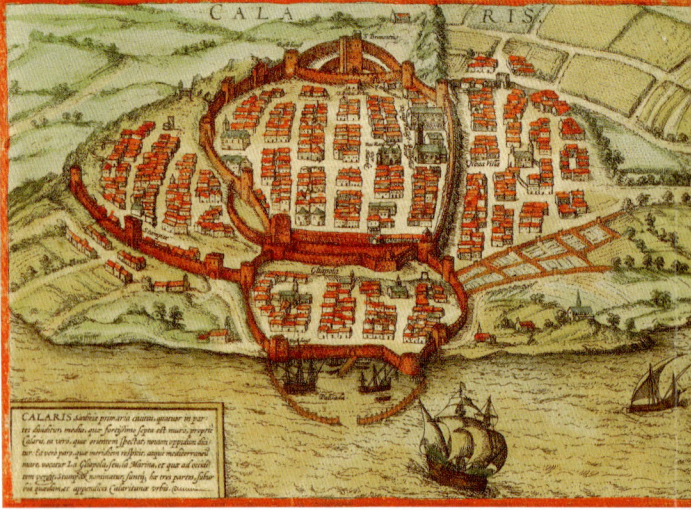

tengräber, Gemeinschaftsgräber für bis zu hundert Menschen; und die Brunnenheiligtümer. Ihr wichtigstes Kunstzeugnis sind wunderbar filigrane Bronzefiguren.

**Um 1000 v. Chr.** Phönizier gründen erste Handelstützpunkte und Küstenstädte wie Sulki (Sant'Antioco), Karali (Cagliari) sowie Tharros und Nora. Die Nuragher ziehen sich in die Bergregionen zurück.

**Ab 550 v. Chr.** Die Karthager erobern das wegen der reichen Erzvorkommen und dem Getreidereichtum begehrte Sardinien.

**238 v. Chr.– 455 n. Chr.** Sardinien fällt unter römische Herrschaft und wird 46 v. Chr. römische Provinz. Es dient als eine der Kornkammern Roms. Seine Häfen werden zum Umschlagplatz für Metalle und Hölzer. Straßen erschließen die gesamte Insel, auch die unzugänglichen Regionen der Barbagia.

**Ab dem 1. Jh. n. Chr.** Das Christentum breitet sich aus. Ab dem 4. Jh. sind in Cagliari und Sassari Bischöfe und Bischofssitze bezeugt. Seit dem 6. Jh. war Cagliari die kirchliche Metropole für Sardinien und die Balearen.

**455 n. Chr.** Der Einfall der Vandalen bereitet der römischen Herrschaft auf Sardinien ein Ende.

**534 n. Chr.** Unter dem byzantinischen Feldherrn Belisar wird Sardinien dem Oströmischen Reich angegliedert und in Verwaltungsbezirke unterteilt. Es erhält einen *Judex* (Richter) als Statthalter in Cagliari.

**Ab 704** Araber plündern wiederholt die Küstengebiete. Die Bewohner verlagern ihre Siedlungen weiter ins Landesinnere.

**Um 1000** Im entstandenen Machtvakuum bilden sich vier unabhängige sardische Gebiete, die Judikate Cagliari, Torres, Arborea und Gallura. Jedes wird von einem *Judice* (Richter) regiert. Aus der Zeit der Judikate ist ein umfangreiches Schrifttum (Gesetzestexte, Urkunden, etc.) in sardischer Sprache überliefert.

**1015/16** Nach der Eroberung von Südsardinien durch den Kalifen Magahid entsendet Papst Benedikt VIII. die Seemächte Pisa und Genua auf die Insel. Nach dem Sieg über die Araber gerät der Süden völlig unter pisanischen Einfluss, der Norden wird von Genua beherrscht. Einzig das Judikat Arborea kann bis 1410 seine Unabhängigkeit bewahren. Von dem starken kulturellen Einfluss Pisas zeugen zahlreiche Kirchen im romanisch-pisanischen Stil, wie z. B. Santa Trinità in Saccargia.

**1297** Papst Bonifatius VIII. belehnt das katalanische Haus Aragon mit dem neu geschaffenen Königreich Sardinien und Korsika.

**1392** Die Richterin Eleonora d'Arborea erlässt die »Carta de Logu«, ein fortschrittliches in sardischer Sprache

*Seit 1952 sind die vier Mohrenköpfe mit den verbundenen Augen im roten Kreuz (rechts) das offizielle sardische Wappen. Das Bild brachten die Spanier im 14. Jahrhundert auf die Insel mit. Keiner weiß so recht, was das Sinnbild bedeutet oder wie ein Stirnband zur Augenbinde werden konnte. Bisweilen sieht man denn auch Abbildungen auf Fahnen und Stickern, die die Mori mit dem Stirnband zeigen (links) – eine touristisch gemeinte Variante?*

|  |  |
|---|---|
|  | verfasstes Zivil- und Strafgesetzbuch, das bis 1827 in Kraft bleibt. |
| **1479–1713** | Nach der Vereinigung von Aragon und Kastilien wird Sardinien Teil des spanischen Weltreiches und von einem Vizekönig in Cagliari regiert. Die Feudalherren degradieren die Bevölkerung zu Leibeigenen. |
| **1718/20 –1861** | Nach einer österreichischen Übergangsregierung fällt Sardinien durch Tausch an den Herzog von Savoyen. Das Königreich Piemont-Sardinien entsteht. Reformbestrebungen der Piemontesen wie die Landreform (1820) und die Abschaffung des Feudalwesens (1836–39) bringen nicht den erhofften wirtschaftlichen Aufschwung. Viele Sarden müssen emigrieren. Auch die italienische Einigung bringt keine Verbesserung. |
| **1904** | Ein Bergarbeiterstreik, der in Buggerru, damals wichtigster Erzhafen der Insel, seinen Ausgangspunkt nimmt, führt zum ersten Generalstreik Italiens. Vier Bergleute werden während des Streiks erschossen. |
| **1921** | Weltkriegsveteranen der fast ausschließlich aus Sarden bestehenden »Brigata Sassari«, ausgezeichnet wegen ihres Heldenmutes, gründen die Sardische Aktionspartei *(Partito Sardo d'Azione)*, die sich für eine völlige Selbstverwaltung Sardiniens einsetzt. Ab 1922 unterdrückt Mussolini die Bewegung und lässt ihre Mitglieder wie Emilio Lussu oder Antonio Gramsci ins Exil schicken oder verhaften. Gleichzeitig fördert Mussolini Großprojekte in Landwirtschaft (Entwässerung der malariaverseuchten Küstengebiete/Stauseen) und Bergbau (Kohleabbau im Sulcis). |
| **1926** | Die aus Nuoro stammende Autorin Grazia Deledda erhält den Nobelpreis für Literatur. |

| | |
|---|---|
| **1943** | Die sardischen Hafenstädte Cagliari, Olbia und Alghero werden von den Alliierten bombardiert. |
| **1948** | Sardinien wird zu einer autonomen Region der Republik Italien mit den Provinzen Cagliari, Sassari und Nuoro (seit 1974 auch Oristano) und der Inselhauptstadt Cagliari. |
| **Ab 1950** | Die *Cassa del Mezzogiorno*, die Entwicklungskasse für den Süden, soll eigentlich das Entwicklungsgefälle zwischen Nord- und Süditalien ausgleichen, doch die petrochemischen Anlagen schaffen kaum zusätzliche Arbeitsplätze. So sehen sich Tausende von Sarden zur Emigration gezwungen. |

1962      Prinz Aga Khan gründet das *Consorzio Costa Smeralda*. An der recht felsigen Nordküste, die bisher praktisch unbewohnt war, entsteht ein exklusives Ferienparadies für den Jet-Set.

*Aga Khan*

| | |
|---|---|
| **1969** | In Orgosolo wehrt sich die Dorfgemeinschaft erolgreich gegen den Bau eines NATO-Truppenübungsplatzes. |
| **1981** | Der sardische Regionalrat legt dem italienischen Parlament einen Gesetzesentwurf vor, der die Einführung einer offiziellen Zweisprachigkeit fordert. |
| **1989** | Ein Gesetz zum Schutz der Küsten wird verabschiedet. Es sieht vor, dass in einem Küstenstreifen von 500 Metern die Bebauung mit Privat- und Ferienhäusern verboten ist. Für Hotels gilt eine Aunahmeregelung von 150 Metern. |
| **1999** | Das Sardische wird vom italienischen Parlament als eigenständige Sprache anerkannt. |
| **2005** | Sardinien ist in acht statt früher vier Provinzen eingeteilt. Die neuen Provinzen sind Medio Campidano (MD), Carbonia-Iglesias (CI), Cagliari (CA), Nuoro (NU), Oristano (OR), Ogliastra (OG), Sassari (SS) und Olbia-Tempio (OT). |
| **2009** | Bei den Regionalwahlen gewinnt die Mitte-Rechts-Partei von Silvio Berlusconi »Polo della Libertà« mit 57 Prozent der Stimmen. Der separat gewählte Regionalpräsident wird mit 52 Prozent der Stimmen der Sohn seines Steuerberaters, Ugo Cappellacci. |
| **2011** | In Portoscuso bei Cagliari entsteht der größte Windpark Italiens mit einer Produktion von rund hundert Megawatt. |
| **2014** | Alle sardischen Provinzen sollen abgeschafft werden, um die Kosten zu senken, die Bürokratie abzubauen, die Verwaltung zu vereinfachen und die Wettbewerbsfähigkeit zu stärken. ■ |

# Reiseregionen, Orte und Sehenswürdigkeiten

## DER NORDEN

Traumbuchten mit kristallklarem Wasser, in denen die Farben von Türkisblau in Smaragdgrün übergehen, wildzerklüftete bizarre Granitfelsen, herrliche Tauchgründe, ausgedehnte Korkeichenwälder und der würzige Duft der Macchiavegetation – nicht zufällig nahm an der Galluraküste der Sardinien-Tourismus seinen Anfang.

C6/7

### Costa Smeralda

Über 55 Kilometer erstreckt sich im Nordosten Sardiniens die exklusive Ferienküste der Costa Smeralda mit ihren über 80 weißschimmernden Stränden und Buchten. Die Geschichte der Costa Smeralda beginnt 1962, als der märchenhaft reiche Ismaeliten-Prinz Karim Aga Khan IV. den nur als Weideland für Schafe genutzten Küstenabschnitt beim Segeln entdeckte. Ein eigens dafür ins Leben gerufenes Konsortium kaufte den sardischen Bauern den wildromantischen Küstenstreifen samt 5000 Hektar Land für Pfennigbeträge ab und verwandelte es in ein Luxusreservat mit weitläufigen Privatvillen, Ferienanlagen, Nobelhotels, kleinen Dörfern, Yachthäfen und Sportanlagen.

Doch anders als an den mit Bettenburgen und parzellierten Stränden verschandelten Küsten der Adria oder Spaniens versuchte man hier die Architektur der Umgebung anzupassen. Fast alle höchstens zweigeschossigen,

*Badefreuden am Strand von Capriccioli*

*Mondän: Porto Cervo*

oft asymmetrischen Villen wurden mit ortseigenen Materialien wie Granit oder Feldsteinen verkleidet und in die Landschaft eingebettet. Es entstand ein Architekturstil, der bald zum Vorbild für die ganze Insel wurde. Eines der ersten Hotels war das von außen relativ unscheinbare, in der Hochsaison aber vom internationalen Jet-Set bevölkerte **Cala di Volpe** bei Porto Cervo, das 1976 durch den James-Bond-Streifen »Der Spion, der mich liebte« zu Weltruhm gelangte. Nachdem Aga Kahn vor einigen Jahren einen Großteil der Costa Smeralda an ausländische Investoren verkauft hat, versucht man nun das Luxus-Refugium mit einer preisgünstigeren Infrastruktur für ein größeres Publikum zu öffnen.

Urbanes Zentrum der Costa Smeralda ist die als Fischerdörfchen gestylte Retortensiedlung **Porto Cervo** mit Hotels und Ferienvillen der oberen Preisklasse. Tagsüber Ziel von *fashion victims*, die auch im Urlaub in Gucci, Versace und Prada-Geschäften stöbern wollen, verwandelt sich die zentrale Piazzetta am Abend zum mondänen Szenetreff, wo der Cappuccino auch schon mal fünf Euro kostet. Bei einem Bummel am Hafen, der mit seinen sieben Piers als die modernste Yachtanlage Europas gilt, kann man die schönsten Luxusliner des Mittelmeeres bewundern.

Darüber thront die sehenswerte, weiß getünchte Kirche **Stella Maris** im geschwungenen, neosardischen Stil

C7

**Sardisches Kunsthandwerk**

Wer original traditionelles Kunsthandwerk sucht, geht in den I. S. O. L. A.-Geschäften auf Nummer sicher. Filigraner Goldschmuck, handgewebte Teppiche, geflochtene Körbe, aber auch Truhen, Hirtenmesser, Keramik und Stickereien – alle Produkte stammen von ausgesuchten Betrieben, die sich der sardischen Tradition verpflichtet haben. Die Qualität hat natürlich ihren (berechtigten) Preis.

Verkaufsstellen gibt es in Cagliari (Via Bacaredda, 176/178) und Porto Cervo (Sottopiazza, Mai–Anfang Okt.). Eine erste Produktübersicht findet man unter: www.regione.sardegna.it/isola.

mit einem Madonnenportrait, das dem spanischen Manieristen El Greco zugeschrieben wird.

Nach dem Vorbild von Porto Cervo sind auch die in einer wunderschönen Bucht gelegenen **Porto Rotondo** und **Baja Sardinia** erbaut, die eine panoramareiche Küstenstraße miteinander verbinden. Die Städtchen **Olbia** und **Golfo Aranci** sind trotz der schönen Lage heute lediglich als Fähr- und Verladehafen von Bedeutung.

**Tourist Information**
Piazza Risorgimento, 07021 Arzachena
℡ 07 89 84 40 55

Die Costa Smeralda ist reich an feinsandigen **Bilderbuchstränden**. Zu den schönsten zählen: Der (ausgeschilderte) traumhafte, im Hochsommer aber stets überfüllte, Sandstrand **Liscia Ruja** mit Blick auf Capo Figari oder der etwas ruhigere Kiesstrand von **Petra Ruja**, den man nach 1 km Fußmarsch erreicht, die seichten und schneeweißen Strände auf der Halbinsel **Capriccioli** und der von roten Granitfelsen umrahmte *Spiaggia* (Strand) **dell'Ulticeddu** (Zugang über den Ort Tancamanna, 3,5 km nach Cannigione auf der SS 125 Richtung Palau).

Die meisten **Lokale an der Costa Smeralda** liegen in der oberen Preisklasse. Gaumenfreuden versprechen die Lokale:

**Il Pescatore**
Molo Vecchio, Porto Cervo
℡ 07 89 93 16 24, nur abends, Okt.–April geschl.
Sardische und italienische Fischküche mit schönem Blick am alten Hafen, ideal für ein Candlelight-Dinner. €€€

**Barbagia**
Via Galvani 94, Olbia
℡ 07 89 51 64 0
www.ristorantebarbagia.com
Im Winter Mi geschl.
Ein Lokal zum Ankommen und zum Abschiednehmen. Gianfranca und Giuseppe Loddu servieren beste Barba-

gia-Küche. Neben *culungiones* aus Kartoffeln und *mallo-reddus* gibt es Lamm und Wildschweingerichte. €€

### Lu Stazzu

SP Porto Cervo–Arzachena, gegenüber der Abzweigung nach Baja Sardinia
℗ 07 89 827 11, www.lustazzu.com
Tägl. 12–15 und ab 19 Uhr, Okt.–Ostern geschl.
Beste sardische Küche mit Fleisch- und Fischgerichten in einem typischen Bauernhaus in Panoramalage. Ab €€

### Taerra

Vacileddi-Loiri, Porto San Paolo (an der SS 125)
℗ 333-707 62 65 (mobil), http://agriturismolataerra.com
Schönes Lokal mit Terrasse in einem Agriturismo mit wunderschönem Blick auf die Insel Tavolara. Bodenständige Gallura-Küche mit traditionellen Gerichten wie *puligioni* (mit Ricotta gefüllten Ravioli), *casu furriato* (geschmolzener Kuhmilchkäse, der mit Honig oder Zucker serviert wird) und natürlich *porcheddu* (gegrilltes Lamm). €€

### Cafè du Port

Molo Vecchio, Porto Cervo, Okt.–Ostern geschl.
Gediegenes Lokal mit Blick auf den alten Hafen, das von VIPs, Yachtbesitzern und Autogrammjägern frequentiert wird.

### Bar Sole
Piazzetta, Porto Cervo
Trendiger Treffpunkt der Jeunesse dorée zum Aperitif, bevor das Nightlife-Vergnügen beginnt.

*Auf der Piazza Margherita in Olbia*

**Boccondivino**
Via del Molo
Porto Rotondo
Gut besuchte Weinbar mit einer Vorliebe für Samba-rhythmen.

**Nachtleben**
Wer sich im Sommer in den durchgestylten Discos der Costa Smeralda amüsieren will, muss mit mindestens 150 Euro für den Abend rechnen. Doch nur ein ausge-suchtes Publikum kommt an den strengen Türstehern vorbei. Wem das ein zu teures Vergnügen ist, der kann sich einer der zahlreichen Strandpartys anschließen.

Zu den Kultdiscos zählen in **Porto Cervo** das orienta-lisch gestylte **Billionaire** von Formel-1-Manager Flavio Briatore (Juni–Sept., www.billionairelife.com), dessen Publikum sich tagsüber im **Li Capriccioli**, am wunder-schönen öffentlichen Strand von Capriccioli, erholt. Ein weiteres Ziel von Nachtschwärmern ist das seit 25 Jahren relativ erschwingliche und trendige **Sottovento** (Juni–Ende Sept., www.sottoventoclub.com) und das gegen-überliegende, weniger mondäne **Sopravento** sowie der elegante **Pepero-Club** (www.peperoclub.com) in Piccolo Pevero.

Weitere angesagte Clubs sind der **Country-Club** mit Restaurant und Pianobar in **Porto Rotondo** und in **Baja Sardinia** das aus dem Felsen gehauene legendäre **Ritual**.

*Grab der Riesen: Li Longhi bei Arzachena*

*Abends auf der Piazza in San Pantaleo*

**Ausflugsziele:**

### Arzachena

Arzachena ist das geschäftige Zentrum des gleichnamigen Golfes (13 000 Einwohner). Bekannt ist seine Umgebung wegen zahlreicher archäologischer Funde aus der Frühzeit Sardiniens: neben der **Nuraghe Albucciu** (10.–8. Jh. v. Chr.) das Gigantengrab **Moru** sowie die Überreste des **Tempio di Malchittu** (Ostern–30. Okt. tägl. 9 Uhr bis eine Stunde vor Sonnenuntergang, sonst nur nach Voranmeldung: ✆ 338-378 77 51, www.anemos-arzachena.it, Eintritt € 3 für ein, € 5 für zwei, € 7,50 für drei Monumente inkl. Führung). Sehr gut erhalten ist auch das Gigantengrab **Coddu Vecciu** mit seiner über 4 m hohen Eingangsstele aus dem 2. Jh. v. Chr. sowie das Gigantengrab **Tomba Li Longhi** und das Gräberfeld **Necropoli di Li Muri** aus dem 4./3. Jh. v. Chr. (auf der Straße nach Luogosanto, Öffnungszeiten und Preise wie oben).

### Capo d'Orso

Ein Wahrzeichen der Gallura und ein beliebter Vista Point ist das windzerzauste »Bären-Kap« ca. 5 km östlich von Palau. Ein schmaler Pfad führt in ca. 15 Min. durch eine wunderbar verwitterte Felslandschaft auf das Kap, auf dessen Spitze ein Granitfelsen in Form eines riesigen Bären thront. Von dort genießt man einen atemberaubenden Blick auf das Meer, den Maddalena-Archipel und Korsika.

### San Pantaleo

San Pantaleo ist Kult. Innerhalb weniger Jahre ist das charakteristische Bergdorf mit den typischen Steinhäusern der Gallura-Hirten, den *stazzi*, der einfachen Dorfkirche und der einzigen Piazza zum beliebten Ausflugsziel der Costa-Smeralda-Gäste geworden. Im Winter wie ausgestorben, strömen sie im Sommer zum abendlichen Aperitif ins **Caffè Nina**, um dann bei **Locanda Sant'Andrea** (Via Zara 36, ✆ 07 89 652 05, www.locandasantan drea.com, Nov.–März geschl., €€) beste Fischküche zu genießen. Berühmt geworden ist der Ort durch Künstler, die sich angezogen von der faszinierenden Gesteinslandschaft hier niedergelassen haben.

*Der Hafen von Maddalena*

### Der Maddalena-Archipel und die Insel Caprera

**B/C 6/7**

Der wunderschöne Maddalena-Archipel, bestehend aus sieben großen und etwa 20 kleineren Inseln ist der Rest einer versunkenen Landbrücke zwischen Sardinien und Korsika. Gemeinsam mit dem umgebenden Meer wurde es aufgrund seiner einzigartigen Flora und Fauna 1994 zum Nationalpark erklärt (www.lamaddalenapark.it). Mit der Fähre kann man von Palau aus auf die namengebende und größte Insel La Maddalena übersetzen. Zu den Traumbuchten der übrigen Inseln wie Spargi (Cala Corsara), Razzoli, Santa Maria (Cala S. Maria) und Budelli – wo allerdings der berühmte rosarote Korallenstrand Spiaggia Rosa wegen fortwährenden Raubbaus für Besucher inzwischen gesperrt ist – gelangt man jedoch nur per Privatboot oder mit organisierten Ausflügen.

**B/C6**

Von den Inseln ist nur **La Maddalena** bewohnt. Vom gleichnamigen Hauptort, einem hübschen Städtchen mit historischem Kern, kann man mit dem Auto oder im Sommer mit dem Bus auf der *strada panoramica* die Insel umrunden (ca. 1 Std.) und in einer der einladenden Buchten wie der Cala Spalmatore oder der meist windumtosten Baia Trinità eine (Bade-)Pause einlegen. Im Schifffahrtsmuseum **Museo Archeologico Navale »Nino Lamboglia«**

**C6**

sind die eindrucksvollen Reste eines gekenterten römischen Frachtschiffs samt Ladung ausgestellt (derzeit wegen Restaurierung geschl.).

**B/C 6/7**

Die Nachbarinsel **Caprera** ist durch einen 600 m langen Brückendamm mit La Maddalena verbunden. Hauptattraktion ist die **Casa Garibaldi** (Di–So 9–13.30 und 14–19.15 Uhr, Eintritt € 5/2,50), der Altersruhesitz und heute reichbestückte Erinnerungsstätte des italienischen

Nationalhelden Giuseppe Garibaldi (1807–82), der mit seinen tausend Rothemden entscheidend zur Einigung Italiens beitrug.

**Tourist Information**
Palazzo Fresi, Piazza Fresi, 07020 Palau
☎ 07 89 70 70 25, www.palau.it
Mo–Sa 9–13 und 16–20, So 17–19

C6

 Zwischen Palau und La Maddalena verkehren rund um die Uhr **Fährschiffe** von Saremar und EneRmaR (www.enermar.it). Die Überfahrt kostet für 2 Personen und Auto ca. € 45 und dauert ca. 20 Min. Mit dem Auto darf man nur auf La Maddalena und Caprera fahren. Daneben werden tägl. Tagesausflüge zu den kleineren Inseln angeboten.

## Santa Teresa di Gallura

B5

Nur zwölf Kilometer trennen **Santa Teresa di Gallura**, das nördlichste Städtchen (5000 Einwohner) Sardiniens, von Korsika (mehrmals tägl. Überfahrten nach Bonifacio, ca. 50 Min.). In den letzten Jahren hat es sich dank seiner guten touristischen Infrastruktur zu einem beliebten Urlaubsort vor allem von Wassersportlern entwickelt. Die windumtosten Küstenstriche wie **Porto Pollo** sind ein Eldorado für Surfer und Kiter.

Wind und Wellen verdankt ➊ **Capo Testa** (4 km westl. von Santa Teresa) seine märchenhaft bizarre Felsenlandschaft. Vor allem im Sommer ist es ein beliebtes Ausflugsziel. Das Kletterlabyrinth begeistert nicht nur Kinder. Neben Spazier- und Wanderwegen locken kleine Sandbuchten zwischen den Granitfelsen und die faszinierende **Valle della Luna** mit ihren meterhohen Felswänden.

B5

*Vexierbild in Stein: Capo Testa*

**B5**

**Tourist Information**
Piazza Vittorio Emanuele I.
07028 Santa Teresa di Gallura
℮ 07 89 75 41 27
www.comunesantateresagallura.it
Tägl. Juni, Sept. 9–13 und 16–20, Juli/Aug. Mo–Fr 9–13 und
17–22, Sa/So 17–21, Okt.– April Mo–Fr 9–13 und 16–18 Uhr

**B5**

Rund um Santa Teresa gibt es zahlreiche schöne
Strände. Zu Füßen der Stadt liegt der – allerdings
im Sommer heillos überfüllte – 300 m lange Sandstrand **Rena Bianca**. Im Osten der weißschimmernde Sandstrand
**La Marmorata**, um den herum zahlreiche Feriensiedlungen
und Clubanlagen entstanden sind. Schöne Kiesbuchten findet man an der **Cala Sambuco** und in der **Valle dell'Erica**.
Ein von Familien gern besuchter Strand ist die Pinien be-
standene und Schatten spendende **Marina di Conca Verde**.

**C6**

Die schönsten Strände der Umgebung findet man im
Westen im naturgeschützten Gebiet zwischen **Cala Vall'
Alta** und **Vignola Mare**. Besonders schön ist der 8 km lan-
ge Dünenstrand von **Rena Maiore**. Kleine Buchten mit
hellen Sandstränden und bizarren Granit- und Por-
phyrklippen findet man längs der **Costa Paradiso** (z. B.
Spiaggia Li Rossi) und in **Isola Rossa**. Weitere Bademög-
lichkeiten bieten sich im eher ruhigen **Badesi Mare** (Lu
Poltu del Carbone) und am schönen Dünenstrand von
**Valledoria** (Spiaggia di Coghinas).

**C5**

**C4**

**D4**

**Tempio Pausania**

**D5**

Eine bei Sarden beliebte Sommerfrische ist das lebhafte,
von ausgedehnten Korkeichenwäldern umgebene Städtchen Tempio Pausania (14 000 Einwohner), das auf einem
Hochplateau zu Füßen des Monte Limbara liegt. Beson-

*Kathedrale San Pietro in Tempio Pausania*

*Hafen, Stadt und Burg: Castelsardo*

ders reizvoll ist seine verwinkelte Altstadt mit ihren unverputzten Granithäusern und lebhaften, von Straßencafés gesäumten Plätzen.

Sehenswert sind die **Kathedrale San Pietro**, das mittelalterliche **Oratorio del Rosario** und der in den 1930er Jahren restaurierte, denkmalgeschützte **Bahnhof** mit farbenfrohen Gemälden von Giuseppe Biasi zum sardischen Landleben. Besonders stolz sind die Tempiesi auf ihre Schatten spendende **Kurpromenade** (Viale Fonte Nuova), die nach einem kurzen Waldspaziergang zur Mineralquelle Fonti di Rinaggiu führt.

Ein Abstecher lohnt von Tempio ins acht Kilometer entfernte **Aggius**, ein Zentrum der sardischen Teppichherstellung. Einen atemberaubenden Panoramablick auf ganz Nordsardinien bietet der 1369 Meter hohe **Monte Limbara**, auf den eine ca. 18 Kilometer lange Serpentinenstraße hinaufführt. Auf Wanderwegen erreicht man von **Valliciola**, das dank seiner Quellen und Picknickbänke am Wochenende viel besucht wird, den Gipfel.

**Tourist Information**
Piazza Gallura 2, 07029 Tempio Pausania
✆ 079 63 12 72, www.comune.tempiopausania.ot.it
Mo–Fr 10–13, 16–19, Sa 10–13 Uhr

## Castelsardo

Auf einem Felsvorsprung hoch über dem Meer thront malerisch das burgbewehrte Castelsardo (5800 Einwohner). Kein Wunder, dass sich die Genuesen im 12. Jahrhundert dieses Plätzchen aussuchten. Vom **Kastell** ge-

nießt man einen grandiosen Blick über die Meerenge zwischen Korsika und Sardinien, auf den Golf von Asinara und auf die lang gestreckte Halbinsel von Stintino.

Im Gegensatz zur souvenirbeladenen, modernen Unterstadt besticht die darüber liegende autofreie **Altstadt** durch ihre steilen Pflastergässchen, verwinkelten Treppenwege und mittelalterliche Torbögen. Im Sommer sitzen die Frauen vor ihren Häusern und sticken oder fertigen traditionelle Körbe und Schalen aus Palmblättern – die Stadt ist bekannt für ihre Korbflechtkunst.

Im **Museo dell'intreccio mediterraneo**, das sich im genuesischen Kastell befindet, kann man die Kunstfertigkeit der sardischen Flechterei bewundern – von der einfachen Schale, über die Fischreuse bis hin zum Schilfboot (tägl. außer Mo 9.30–13 und 15–17.30 Uhr, April–Sept. auch Mo, im Sommer durchgehend bis 24 Uhr, Eintritt € 2/1).

Sehenswert ist auch die **Kathedrale Sant'Antonio Abate** (17. Jh.) mit ihrem bunten Majolika-Dach, von deren Terrasse sich wieder ein schöner Blick öffnet. Im Innern beherbergt sie die berühmte Madonna (15. Jh.) des sogenannten Meisters aus Castelsardo, der zu den herausragendsten Vertretern der sardischen Malerei gehört. Berühmt ist Castelsardo auch für seine Osterprozession, die Lunissanti (vgl. S. 77). Zu einem Besuch gehört auch ein Abstecher zum **Elefantenfelsen** (an der SS 134 nach Sedini), einem riesigen Trachytfelsen, der durch Verwitterung die Form eines Elefanten angenommen hat.

Kulturinteressierte werden weiter ins 30 km entfernte **Perfugas** fahren, wo der **Pozzo sacro Pedrio Canapoli**, ein wunderbar erhaltenes nuraghisches Brunnenheiligtum aus dem 13.–17. Jh. v. Chr. zu sehen ist. Funde von dieser Stätte sind im **Museo Archeologico e Palentologico** ebenso ausgestellt wie sensationelle steinzeitliche Reste aus dem nahen Altana-Fluss, die belegen, dass Sardinien bereits vor 150 000 Jahren besiedelt war.

Gute Bademöglichkeiten bieten sich um Castelsardo am langen Dünenstrand von **Marina di Sorso** und am touristisch gut erschlossenen **Lido di Platamona**, die allerdings im Sommer hoffnungslos überlaufen sind.

---

**Tourist Information Pro Loco**
Piazza del Popolo
07031 Castelsardo
℡ 079 47 15 06

---

**Museo del Vino**
Via Giangiorgio Casu 5, Berchidda
℡ 079 70 52 68
Di–Fr 9–13 und 15–18 Uhr, Sa/So 9–13 und 15–19 Uhr
Eintritt € 3/2,50 (inkl. Weindegustation)

Ein Muss für jeden Weinliebhaber ist ein Besuch des Weinmuseums im kleinen Weindorf Berchidda, ca. 25 km westlich von Olbia, das mehr als 150 Weine Sardiniens präsentiert. Degustationen und Kauf möglich.

...ir einer Universitätsstadt, eine intakte Altstadt mit ...ischen Bürgerhäusern und reich geschmückten Kir... ...n, ein sehenswertes Archäologisches Museum und viel... ...tiges sardisches Kunsthandwerk locken in die Haupt... ...adt der gleichnamigen Provinz.

Sassari, heute eine lebendige Universitäts- und Verwaltungsstadt mit gut 130 000 Einwohnern, entstand als Zufluchtsort der Bewohner von Porto Torres, die sich wegen häufiger Piratenüberfälle und der Angst vor Malaria ins Landesinnere auf eine Kalksteinhochebene zurückzogen. Im Mittelalter war es neben Cagliari freie Stadtrepublik mit einer eigenen Verfassung, die bis Ende des 18. Jahrhunderts in Kraft blieb. Trotz der erdrückenden spanischen Herrschaft entwickelte sich Sassari bis zur verheerenden Pestepidemie von 1652 zu einer blühenden Handelsstadt und einem wichtigen Warenumschlagplatz, wurde Bischofssitz und gründete 1617 noch vor Cagliari die erste Universität auf Sardinien.

Im 19. Jahrhundert war sie dank der regen Handelsbeziehungen zu Frankreich und Italien wieder führende Wirtschafts- und Handelsstadt. Das alte aragonische Kastell wurde geschleift und die Stadt nach Osten erweitert. Nach dem Niedergang der Petrochemie in Porto Torres und rückläufiger landwirtschaftlicher Gewinne basiert heute die Wirtschaft dank Universität, Banken und einem wachsenden touristischen Sektor vor allem auf dem Dienstleistungssektor.

An der weiten **Piazza d'Italia** mit ihren repräsentativen Prunkpalästen aus dem 19. Jahrhundert beginnt die teils von Arkaden gesäumte Einkaufs- und abendliche Fla-

bD3

*Blick auf die Universitätsstadt Sassari*

niermeile der Stadt, der **Corso Vittorio Emanuele**. An der Piazza Castello erinnert ein **Museum** (Mo–Do 8.30–16 Uhr, Fr/Sa 8.30–12 Uhr) an die legendäre »Brigata Sassari« (vgl. S. 8). Bars und Cafés säumen auch die herrschaftliche **Via Roma**. Im sehenswerten **Museo Archeologico Nazionale »G. A. Sanna«** (Nr. 64) mit kleiner Pinakothek kann man in die sardische Kulturgeschichte vor allem der Frühzeit eintauchen.

Im Zentrum der verwinkelten Altstadt erhebt sich der mächtige **Dom**, der **San Nicola** (hl. Nikolaus), dem Patron der Kaufleute, geweiht ist (tägl. 8.30–12 und 15.30–19 Uhr). Dem im 14. Jahrhundert im Stil der katalanischen Gotik erbauten Sakralbau wurde im 17. Jahrhundert eine prachtvolle barocke Schmuckfassade vorgesetzt. Bereits aus dem 12. Jahrhundert stammt die Benediktinerkirche **Santa Maria in Betlem**, die im Inneren herrlich gearbeitete Schnitzaltäre sowie die *candelieri* birgt, jene holzgeschnitzten Riesenleuchter der Handwerkszünfte, die am 14. August durch die Stadt getragen werden (vgl. S. 77).

**bC2**

**bC1**

Wahrzeichen der Stadt ist die von genuesischen Künstlern geschaffene marmorne **Fontana di Rosello** (1606) mit ihren zwölf Löwenspeiern, die vor dem Bau des Aquädukts mit Hilfe von zeitweise bis zu 300 Eseln die Trinkwasserversorgung der Stadt gewährleistete. Heute dient das Brunnenhaus in Form eines doppelstöckigen Tempels als Kulisse für Konzerte und sonstige Events.

**bB2/3**

**Tourist Information**
Via Sebastiano Satta 13, 07100 Sassari
✆ 079 200 80 72, www.comune.sassari.it

**bD4**

**Museo Archeologico Nazionale »G. A. Sanna«**
Via Roma 64, Sassari
✆ 079 27 22 03
Tägl. außer Mo 9–20 Uhr, Eintritt € 4/2
Ausstellung zur sardischen Geschichte der Frühzeit.

**bD4**

**Antica Hostaria**
Via Cavour 55, Sassari
✆ 079 20 00 66
www.lanticahostaria.it, So geschl.
Bodenständige, aber kreative Küche mit ausschließlich saisonalen Zutaten. €€

**bD3/4**

**Il Castello**
Piazza Castello 6, Sassari
✆ 079 23 20 41, Mi geschl.
Beste Adresse am Platz, im Sommer auch Tische draußen. €€

**bC3**

**L'Assassino**
Via Pettenadu 19, Sassari
✆ 079 23 34 63, www.trattorialassassino.it
So geschl.

**bB2**

Rustikales Ambiente mit Kultcharakter. Hier werden auch sassaresische Spezialitäten wie Innereien, *malloreddus*, *porceddu* (Spanferkel) und verschiedenste Pecorino-Käse serviert. Ab €

**bA2**

Mit dem **Trenino Verde**, der sardischen Schmalspurbahn, kann man zwischen Juni und September eine Nostalgiefahrt von Nulvi (zu erreichen von Sassari aus) über Tempio Pausania nach Palau oder umgekehrt unternehmen. Der **Bahnhof** liegt an der Piazza della Stazione, ℂ 079 24 13 01, www.treninoverde.com.

**Ausflugsziele:**

**E/F 3/4**

**Romanische Kirchen des Logudoro**
Ein Juwel romanischer Baukunst ist die Kirche **SS. Trinità di Saccargia** ca. 20 km südöstlich von Sassari. Wie eine Fata Morgana erhebt sich die schwarzweiß gestreifte Kirche mit ihrem hohen Glockenturm aus der kargen Landschaft des Logudoro. Das romanisch-pisanische Bauwerk aus dem 12. Jh. besticht durch die meisterlich gestalteten Säulenkapitelle der Vorhalle und im Innern durch ein romanisches Fresko aus dem 13. Jh.

Weitere sehenswerte romanische Kirchen in der Umgebung sind: der »schwarze Dom« von Ardara, **Santa Maria del Regno**, die Krönungskirche der sardischen Könige mit einem allein durch seine Höhe beeindrucken-

*Romanik und Lämmer: Sant'Antioco di Bisarcio*

den Altarbild aus dem 16. Jh., und 4 km weiter **Sant'Antioco di Bisarcio** (Di–So 9.30–13, 15–19 Uhr, Eintritt € 3/2) mit schönem Blick auf die Ebene des Logudoro. Besonders verziert ist die Fassade der Klosterkirche **S. Pietro di Sorres** (11./12. Jh.) auf einer Bergkuppe bei Torralba. Seit 1955 wohnen hier wieder Benediktinermönche. Im Klosterladen findet der Besucher verschiedenste Erzeugnisse.

*SS. Trinità di Saccargia bei Sassari*

 **Ozieri**

Prägend für das Stadtbild von Ozieri, einem wichtigen Zentrum des Viehhandels und der Käseherstellung, war das 19. Jh., als es für knapp 60 Jahre Provinzhauptstadt war. Bekannt wurde es als Fundort einer der wichtigsten prähistorischen Kulturen Sardiniens, der sogenannten Ozieri-Kultur (ca. 3330–2480 v. Chr.).

Die interessanten (Keramik- und Werkzeug-)Funde

*S. Pietro di Sorres in der Nähe von Sassari*

aus der über der Stadt liegenden Kalksteinhöhle von **San Michele** (Di–So 10–13 und 15–18 Uhr, Eintritt € 3/2) sind im **Museo Archeologico** ausgestellt (Di–Sa 9–13 und 15–19 Uhr, Eintritt € 5/4). Der **Dom** birgt ein siebenteiliges wegen seiner Lichteffekte beeindruckendes Tafelbild eines unbekannten Malers aus dem 16. Jahrhundert. In ganz Sardinien bekannt sind die *sospiri* (Seufzer) von Ozieri, eine Mandelspezialität der Stadt.

 **Pattada**

Etwa 15 km weiter östlich liegt der Bergort Pattada, bekannt für seine zahlreichen Messerwerkstätten, in denen die typischen Hirtenmesser hergestellt werden.

**Monte d'Accoddi**

Noch immer ein Rätsel für die Archäologen ist der im Mittelmeerraum einzigartige Monte d'Accoddi (ca. 10 km landeinwärts auf der SS 131 Richtung Porto Torres), ein ca. 10 m hoher Altarberg, zu dem eine 40 m lange Rampe hinaufführt. Vermutlich handelt es sich um einen prähistorischen Wallfahrtsort aus der Kupferzeit (3. Jh. v. Chr.).

**Valle dei Nuraghi**
Vgl. S. 33 f.

### Porto Torres

Raffinerietürme und ein geschäftiger Hafen prägen das bereits von den Römern bewohnte Porto Torres (22 000 Einwohner). Aus römischer Zeit stammen die siebenbogige Brücke über den Mannu-Fluss und die Reste einer römischen Siedlung samt Therme und Aquädukt westlich vom Hafen. Besuchermagnet ist das erst vor kurzem entdeckte und wunderbar erhaltene Orpheus-Mosaik (Archäologische Zone und Museum, Di–So 9–20 Uhr, Eintritt € 3/2, Audioguide in Deutsch € 3, erhältlich bei der Tourist Information an der Piazza Garibaldi 17).

Einen Halt rechtfertigt die im pisanisch-lombardischen Stil erbaute **Basilica di San Gavino** (11. Jh.), die größte romanische Kirche Sardiniens mit einem prachtvollen Portal und kurioserweise zwei Apsiden (Mai–Sept. tägl. 9–13 und 15–19, Okt. und Mai bis 18 Uhr, Nov.–März nur nach Voranmeldung, Eintritt € 2).

### Die Halbinsel Stintino und der Parco Nazionale dell'Asinara

Bis vor 150 Jahren war die **Halbinsel von Stintino** weitgehend unbewohnt. Als aber die Insel Asinara 1885 zur Gefangenenkolonie umfunktioniert wurde, siedelte man die dort ansässigen Familien auf die Halbinsel um. Es waren hauptsächlich Fischerfamilien, die auf Thunfischfang gingen, wovon heute noch die zahlreichen Salinenseen und die stillgelegte Thunfischfabrik La Tonnara zeugen.

*Kap der guten Strände: Capo del Falcone*

Inzwischen beherrschen Feriendörfer, Apartmentanlagen, Hotels und Sporthäfen das Bild. Die Küsten sind dank günstiger Windverhältnisse beliebte Segel- und Surfreviere. Zu den schönsten Stränden der Halbinsel zählt der weißsandige **Spiaggia della Pelosa** mit kristallklarem Wasser und Blick auf die vorgelagerten Inseln. Beeindruckend sind die steil ins Meer abfallenden Schieferklippen des **Capo del Falcone** am äußersten Ende der Halbinsel.

Das einstige »Alcatraz des Mittelmeers« ist heute ein streng geschützter **Naturpark**. Attraktion der Insel sind neben einsamen Badestränden und herrlichen Tauchgründen die weißen Wildesel mit hellen Augen, die es nur auf **Asinara** gibt. Schiffe zur Insel fahren tägl. von Porto Torres oder Stintino.

 **Parco Nazionale dell'Asinara**
Parkverwaltung, Via Iosto 7, 07046 Porto Torres
☏ 079 50 33 88, www.parcoasinara.org

# ALGHERO UND DER GOLF VON ORISTANO

E–J
1–3

E2

## ❷ Alghero
Die kleine, malerische Hafenstadt (40 000 Einwohner) gehört mit ihrer intakten Altstadt sicher zu den quirligsten Orten auf Sardinien. Ihren – vor allem im Sommer – zahlreichen Besuchern bietet sie interessante Kultur, Geschichte und gastronomische Gaumenfreuden. Zu den lukullischen Spezialitäten der lokalen Küche zählen neben Tinten- und Schwertfischen vor allem (die allerdings teuren) Langusten (z.B. *aragosta alla catalana*). In den schmalen Gässchen und auf den hübschen Plätzen wie der **Piazza Civica** oder **Piazza Sulis** laden Geschäfte, Bars und Restaurants zum Bummeln und Verweilen ein. Ein Aushängeschild des heimischen Handwerks ist noch immer der dunkelrote Korallenschmuck. Nachdem die Korallenbänke vor Alghero und Bosa leergefischt waren, wird der Rohstoff inzwischen aus Asien importiert.

Drei Jahrhunderte bis 1720 regierten die Katalanen diesen Ort und hinterließen neben der charakteristischen Architektur ihre noch heute praktizierte Sprache, die am nächsten mit dem Okzitanischen in Südfrankreich verwandt ist. Viele Straßen sind zweisprachig beschildert, und die *passeggiata* findet auf den von wappenverzierten Palazzi gesäumten *ramblas* statt. *Barceloneta*, das kleine Barcelona, nennen die Einwohner mit Stolz ihre Stadt.

Einen Stadtrundgang sollte man mit einem Spaziergang entlang der ca. einen Kilometer langen, zum Teil begehbaren **Stadtmauer** beginnen. Gemeinsam mit den Befestigungsanlagen und imposanten **Bastionen** machten sie aus Alghero eine bis weit ins 18. Jahrhundert uneinnehmbare Stadt. Der Rundgang von der Porta a Mare bis zur Torre Sulis belohnt zudem mit grandiosen Ausblicken auf die Altstadt und das Landkap Capo di Caccia. Zu den Schätzen der Altstadt gehören die im gotisch-katalanischen Stil erbaute Kirche (und Kloster) **San Francesco** (Mo–Sa 9.15–12.30, So bis 10.30 Uhr, Mo, Mi, Do, Sa und So 17–18.30 Uhr, Di und Fr 16.30–18.30 Uhr) mit einem sehr schönen romanischen Kreuzgang, die **Kathedrale Santa Maria** (tägl. 7–20 Uhr) mit ihrem charakteristischen achteckigen Glockenturm aus dem 16. Jh. und der **Palazzo d'Albis**, einst Sitz des katalanischen Gouverneurs.

 **Tourist Information**
Piazza Porta Terra 9, 07041 Alghero
℡ 079 97 90 54, www.alghero-turismo.it
Mo–Sa 8–20.30, So 10–13 und 16–19 Uhr
Vor der Bastion La Maddalena am Hafen starten verschiedene Stadtrundfahrten: Mit dem Trenino Catalano Lo Tren d'Alguer, einer Bimmelbahn, durchfährt man alle 30 Min. die Altstadt, alternativ kann man von Mitte Juli bis Sept. die Altstadt mit Il Cocchio auch per Pferdekutsche erkunden. Eine Fahrt, die auch das Umland einschließt, kann man mit den Doppeldeckerbussen von Trottolo (www.trottolo.it) unternehmen (Dauer ca. 2 Std.).

Nördlich der Stadt liegen die stark besuchten **Hausstrände von Alghero**. Die feinsandigen *spiagge* erstrecken sich bis in den 6 km entfernten Yachthafen **Fertilia** und sind mit Liegestuhl- bis Surfbrettverleih gut organisiert. Weitere schöne Sandstrände liegen Richtung **Capo Caccia** (Spiaggia delle Bombarde, Spiaggia Lazzaretto) und 8 km südlich von Alghero, an der wunder-

*Alltag in Alghero*

*Die Kuppel von San Francesco in Alghero*

schönen Panoramastraße nach Bosa **(Cala Speranza)**. Im Rücken der **Bucht Porto Ferro** liegt der einzige natürliche See der Insel, der Lago di Baratz. Etwas ruhiger geht es an der **Cala Argentiera** zu, einer kleinen malerischen Bucht mit Kiesstrand nahe der einstigen Silberstadt.

 **Al Tuguri**
Via Majorca 113, Alghero
℅ 079 97 67 72, So geschl.
Wer die *aragosta alla catalana* kosten will, kommt am Tuguri nicht vorbei. Unbedingt reservieren! €€

**Macchiavello**
Via Cavour 7 (Bastioni Marco Polo 57), Alghero
℅ 079 98 06 28, in der Nebensaison Mi geschl.
Bodenständige Küche in klassischer Osteria mit Tonnengewölbe und Meeresblick. €

**Nachtleben**
Das Nachtleben explodiert in Alghero vor allem im Sommer. Zu den angesagten Locations gehören das **Ruscello**, wo Latino und House aufgelegt wird (Località Angeli Custodi, 3 km an der Strada Provinciale Richtung Sassari, www.ruscellodisco.com), das vorwiegend von jungem Publikum besuchte **La Siesta** mit riesiger Dance-Terrasse (Località Scala Piccada) und das **Embarcadero** (Località Porto Conte) mit einer Tanzfläche unter freiem Himmel. Am Freitag und Samstag fährt ab Piazza Sulcis alle 30 Min. ein Shuttleservice (Hin-und Rückfahrt € 5) zu den Diskotheken (Info unter www.cattognobus.it)

**Ausflugsziele:**

**Capo Caccia und Grotta di Nettuno**
168 m hoch über dem Meer ragt der von Macchia überwachsene Kalkfelsen von **Capo Caccia** auf und gibt

einen fantastischen Blick auf das Meer, Alghero und die schroffe Felsküste frei. In seinem Inneren birgt er die überaus sehenswerte, etwa 1 km lange Tropfsteinhöhle **Grotta di Nettuno** mit Tropfsteinen unterschiedlichster Formen und einem großen Salzsee.

Wer sehr gut zu Fuß ist, erreicht den Zugang auf Meereshöhe über die spektakuläre, 652 Stufen lange Treppe *Escala del Cabirol* (= Rehleiter), die in die senkrechten Wände geschlagen wurde (April–Sept. tägl. 9–19, Okt. 10–18, Nov.–März 10–15 Uhr, tägl. stündl. Führungen, Eintritt € 13/7). Im Juli/Aug. erreicht man die Höhle auch per Boot von der 1 km entfernten Cala Dragunara (ca. 15 Min., Hin- und Rückfahrt € 14/7) oder von Alghero ab Porta a Mare mit der Navisarda-Fähre (ca. 2,5 Std, Hin- und Rückfahrt € 15/8). Infos zu den Abfahrtszeiten unter www.navisarda.it/linea-grotte-di-nettuno.

Zwischen Alghero und Capo Caccia besteht auch eine Busverbindung ab Via Catalogna, Linie 9321 (Juni–Sept. tägl. 9.15, 15.10 und 17.10 hin, 12, 16.05 und 18.05 Uhr zurück, sonst nur vormittags, Dauer ca. 50 Min, Info unter www.arstspa.info).

ℹ **Tourist Information**
07041 Alghero, loc. Capo Caccia
☏ 079 94 65 40

👁 **Necropoli di Anghelu Ruju**
13 km nördl. von Alghero
Tägl. Mai–Sept. 9–19, April, Okt. bis 18, Nov.–März 10–14 Uhr, Eintritt € 3, Kombiticket mit Nuraghe Palmavera € 5, ital. Führung zusätzlich € 2, dt. Audioguide € 3
Steinzeitliche Gräberstätte mit knapp 40 Höhlengräbern aus der Ozieri-Kultur (ca. 3400–2700 v. Chr.).

*Wachturm bei Capo Caccia*

**Ein Eldorado der Weinliebhaber**

Die **Kelterei Sella & Mosca** vor den Toren der Stadt gehört mit über 650 ha Anbaufläche zu den größten und berühmtesten Weinproduzenten der Insel. Das 1899 von zwei piemontesischen Unternehmern gegründete Weingut hat seinen Gründercharme bewahrt. Von Juni bis Sept. werden von Mo–Sa um 17.30 Uhr Führungen durch die kühlen Keller mit ihren riesigen Holzfässern organisiert, in denen kostbare Weine reifen wie der rote Tanca Farrà oder der Likörwein Anghelu Ruju. Das angeschlossene **Weinmuseum** dokumentiert die interessante Geschichte des Unternehmens und die Ausgrabungen der **Nekropole von Anghelu Ruju**, deren Boden zum Besitz von Sella Mosca gehörte. (Tenute Sella & Mosca, Località I Piani, © 079 99 77 00, www.sellaemosca.com).

### Nuraghe Palmavera

Zwischen Fertilia und Capo Caccia

Tägl. Mai–Sept. 9–19, April, Okt. bis 18, Nov.–März 10–14 Uhr, Eintritt € 3, Kombiticket mit Anghelu Ruju € 5, ital. Führung € 3, dt. Audioguide € 3

Gewaltige steinzeitliche Nuraghen-Anlage (1400–1000 v. Chr.). Um die doppeltürmige, aus weißem Stein erbaute Festung stießen die Archäologen auch auf Grundmauern von rund 50 Hütten.

`E1`

### Römerbrücke

Das unter Mussolini erbaute **Fertilia** prunkt mit den Resten (13 Bögen) einer Römerbrücke, eines der wenigen Zeugnisse dieser Zeit in Sardinien.

`E2`

### Bosa

Dem Charme des mittelalterlichen Städtchens Bosa (8100 Einwohner) kann man sich nur schwer entziehen. Seine einzigartige Atmosphäre verdankt es dem Fluss Temo, der sich träge mitten durch den Ort schlängelt. An den Kaimauer dümpeln tagsüber kleine Fischerboote und Netze sind zum Trocknen ausgebreitet. Hoch über der Stadt thront die **Festung der Malaspina**, von der man einen schönen Blick ins Tal genießt. Vom Fuße des Kastells zieht sich das Gassengewirr der Altstadt mit ihren buntverputzten Häusern bis zum breiten Corso und der palmenbestandenen Uferpromenade, die von prächtigen Bürgerhäusern gesäumt wird.

`G3`

Am gegenüberliegenden Ufer stehen die alten Gerbereihäuser **Sas Concas**, die 1989 zum Nationaldenkmal erklärt wurden. Die Ledergerberei war bis ins 19. Jahrhundert wichtigster wirtschaftlicher Stützpfeiler. Bis heute ist die Tradition des Spitzenklöppelns und der Filetstickerei erhalten geblieben. Besonders im oberen Stadtviertel **Sa Costa** sieht man immer wieder Frauen, die vor ihren Häusern an großen Holzrahmen filigranste Stickereien fertigen.

Berühmt ist Bosa auch für seinen kunstvoll gefertigten Goldschmuck (z. B. bei Vadilonga, Piazza IV. Novembre 23)

*Bootsidyll in Bosa*

und für einen der besten Weine Sardiniens, den bernsteinfarbenen **Malvasia di Bosa**, den man am besten in einem der vielen Weinkeller der Altstadt kostet. Von der Temobrücke flussaufwärts führt ein schöner Spaziergang (etwa 30 Min.) zur romanischen Landkirche **San Pietro Extramuros**. Sie wurde zwischen dem 11. und 13. Jahrhundert von burgundischen Baumeistern errichtet.

 Sehr beliebt bei Einheimischen und Touristen sind die dunklen, windgeschützten und gut ausgestatteten (Familien-)Sandstrände von **Bosa Marina**. Ein schöner Blick bietet sich von der Mole zur vorgelagerten kleinen Insel Isola Rossa mit einem Leuchtturm aus dem 16. Jh.

### La Margherita
Via Parpaglia/Ecke Via Azuni, Bosa
℘ 07 85 37 37 23
Nur abends, Mi geschl.
Bodenständige Meeresküche mit hausgemachter Pasta und klassischen sardischen *dolci*, aber auch krosse Holzofenpizza in 30 Variationen. €–€€

### Sa Pischedda
Via Roma 2, Bosa
℘ 07 85 37 20 00
In der Nebensaison Di geschl.
Gutes Hotelrestaurant im Zentrum der Altstadt wenige Schritte vom Ponte Vecchio mit traditionellen Gerichten wie der mit Meeresfrüchten angerichtete *zuppa alla bosana*. Am Abend werden im Garten auch Pizzen serviert. €

###  Trenino Verde
Im Juli und August verkehren jeden Fr und So nos-

talgische Dieselloks auf der Schmalspurbahn zwischen Bosa Marina und Tresnuraghes.

**Ausflugsziele:**

 **Capo Marargiu**
Nördl. von Bosa
Tourbuchungen bei Esedra Exkursionen, Corso Vittorio Emanuele 64, 09013 Bosa, ℰ 07 85 37 42 58, www.esedra sardegna.it oder bei Callis, Via Malaspina 73, 09013 Bosa, ℰ 347-548 27 18 (mobil)
Am schwer zugänglichen Capo Marargiu, haben die letzten frei lebenden Gänsegeier Sardiniens eine ökologische Nische gefunden. Auf geführten Exkursionen kann man die riesigen Segler, die eine Flügelspanne von bis zu 2,80 m haben, aus nächster Nähe beobachten.

F2

**Macomer und die Valle dei Nuraghi**
Ausgedehntes Weideland sowie Kork- und Eichenwälder umgeben das für seine Pecorino-Produktion bekannte Macomer. Seit alters ist das heute eher unscheinbare Städtchen (11 000 Einwohner) wichtige Durchgangsstation und seit dem 19. Jh. bedeutender Verkehrsknotenpunkt. Seine strategische Lage spiegelt sich auch in dem dichten Netz von Nuraghen.

G4

Ein beliebtes Fotomotiv ist **Santa Sabina** (10 km östlich von Macomer auf dem Weg nach Silanus). Neben einem steinzeitlichen Nuraghe wurde in christlicher Zeit die kleine byzantinische Landkirche (11. Jh.) errichtet, deren Zentralbau dem Nuraghe wie ein Zwilling ähnelt. Unmittelbar neben der SS 131 Richtung Sassari liegt der 15 m hohe **Nuraghe S. Barbara** mit gut erhaltenen Kragkuppeln.

Von hier lohnt ein Abstecher zum **Tal der Nuraghen**, wie das Gebiet östlich von Bonorva und Torralba genannt wird. Auf einer Fläche von 37 km² stießen Archäologen auf über 30 Nuraghen und zehn Gigantengräber. Die im-

F3/4

*Nuraghe und Landkirche Santa Sabina bei Macomer*

posante **Nuraghe Santu Antíne**, im Volksmund »Königsburg« genannt, gilt technisch und stilistisch als eine der vollkommensten Nuraghen-Festungen der Insel (www.nuraghesantuantine.it, tägl. 9–20 Uhr, Eintritt € 9/6, gilt auch für die Domus di Sant'Andrea Priu, s. u.). Der in einer Ebene stehende »Palast« (15.–9. Jh. v. Chr.) ist auf drei Seiten von Mauern umgeben. Im Zentrum findet sich ein vermutlich ursprünglich über 20 m hoher Turm, der über Wehrgänge mit drei niedrigeren Ecktürmen verbunden war. Außerhalb der Festung erkennt man die Grundmauern der steinernen Wohnhäuser.

10 km davon entfernt liegt die **Felsgräbernekropole Sant'Andrea Priu** aus dem 3.–2. Jh. v. Chr. (Mitte März–Mitte Okt. tägl. 9.30–13 und 15–19 Uhr, Juli–Sept. durchgehend, sonst nur nach Voranmeldung: ☎ mobil 034 85 64 26 11, Eintritt € 9/6). Von den 20 Gräbern kann man sechs besichtigen, darunter das 250 m² große sogenannte Häuptlingsgrab. Die Fresken stammen aus christlicher Zeit. Zu den größten steinzeitlichen Gräbern des ganzen Mittelmeerraumes gehört der 5 m lange und 2,70 m hohe **Dolmen Sa Coveccada** (10 km südlich Mores, ab dem Parkplatz 45 Min. Fußweg). Die vielen Funde aus dem Tal der Nuraghen sind in Torralba im **Museo della Valle dei Nuraghi** ausgestellt (Via Carlo Felice 143, derzeit wegen Renovierung geschl.).

###  Die Dörfer des Monte Ferru

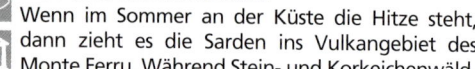
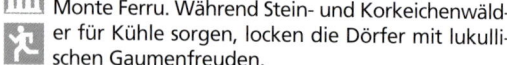

Wenn im Sommer an der Küste die Hitze steht, dann zieht es die Sarden ins Vulkangebiet des Monte Ferru. Während Stein- und Korkeichenwälder für Kühle sorgen, locken die Dörfer mit lukullischen Gaumenfreuden.

Eine beliebte Sommerfrische ist das verschlafene, aber malerische Bergstädtchen **Cuglieri**. Vom Vorplatz der barocken Pfarrkirche Santa Maria della Neve am höchsten Punkt der Stadt genießt man einen grandiosen Fernblick bis hinunter zum Meer. Gemeinsam mit Seneghe ist Cuglieri für die Herstellung hochwertigen Olivenöls bekannt. Einen guten Einblick in die Olivenölherstellung gibt das liebevoll hergerichtete **Museo dell'Olio** (Corso Umberto 68, Besichtigung nach Voranmeldung ☎ 07 85 398 20 oder 340-529 11 75, Eintritt € 2,50). Gern besuchte Picknickplätze sind die wasserreichen Wälder bei **San Leonardo de Siete Fuentes**. Dem Wasser der sieben Quellen wird heilkräftige Wirkung zugesprochen.

Das beschauliche Bergdorf **Santu Lussúrgiu** gilt als das Pferdezentrum Sardiniens. Reitzubehör kann erworben werden oder man unternimmt schöne Reitausflüge rund um den Vulkan. Zu einem erfrischenden Bad im kristallklaren Bergwasser lädt die idyllisch gelegene **Cascata**

**Sos Molinos** nur wenige Kilometer Richtung Bonarcado (5 Min. Fußweg vom Aussichtsparkplatz). Der Wasserfall ergießt sich aus 12 m Höhe in ein natürliches Granitbecken. Nicht weit von hier liegt das nuraghische **Brunnenheiligtum Santa Cristina** (vgl. S. 38).

 **Desogos**
Vico Cugia 6, Cuglieri
℡ 07 85 396 60, im Winter Fr geschl.
Beste Bergküche mit Wildbret und Fleischgerichten. €

 **Sas Benas**
Via San Giovanni 18, Santu Lussúrgiu
℡ 07 83 55 08 70, Mo geschl.
Breite Antipasti-Auswahl und gute *primi* wie die *pennette alla lussurgese* (mit Würsten und Tomatensugo). Probieren Sie auch die lokale Käsespezialität *casizolu*. €

 Hersteller prämierter **Olivenöle** sind die Azienda Agraria Dott. Giorgio Zampa, Via Vescovo Canu, Cuglieri, ℡ 07 85 398 20 und die Azienda Agricola der Gebrüder Cosseddu, Via Josto 13, Seneghe, ℡ 07 83 542 47.

# ORISTANO UND DIE SINIS-HALBINSEL

## Oristano
Die heutige Provinzhauptstadt (32 000 Einwohner) an der Mündung des Tirso-Flusses gründeten bereits Ende des 11. Jahrhunderts Siedler aus der Küstenstadt Tharros, um vor den zunehmenden Sarazenenüberfällen besser ge-

*Der Dom in Oristano*

schützt zu sein. Einen Platz in der sardischen Geschichte sicherte sich Oristano im 14./15. Jahrhundert, als es Hauptstadt des Judikats Arborea war. Der bis heute verehrten Richterin Eleonora d'Arborea gelang es damals für kurze Zeit, die Sarden im Kampf gegen die spanische Vorherrschaft zu einen und ein Gesetzesbuch zu verfassen, das bis 1827 in Kraft blieb.

Ihre heutige Bedeutung als blühendes Landwirtschaftszentrum verdankt die Stadt der Malariabekämpfung des 20. Jahrhunderts, als sich die umliegenden Ländereien in fruchtbarstes Ackerland und fischreiche Lagunenseen verwandelten. Einen Besuch lohnt die sonst unspektakuläre, aber für einen Bummel durchaus reizvolle Stadt wegen des **Antiquarium Arborense** mit zahlreichen Funden aus der Römerstadt Tharros oder anlässlich der *Sartiglia*, eines der prächtigsten Reiterfeste der Insel (vgl. S. 77).

Etwa fünf Kilometer südlich der Stadt liegt auf einem Hügel die hübsche Kirche **Santa Giusta** (12 Jh.), die als eines der schönsten Beispiele romanisch-pisanischer Architektur auf Sardinien gilt. Die Säulen der einstigen Kathedrale des Judikats sind teilweise Spolien aus dem nahen Tharros.

H3

**Tourist Information**
Via Ciutadella de Menorca 14, 09170 Oristano
© 07 83 706 21, www.oristanoturismo.net

**Antiquarium Arborense**
Piazza Corrias/Via Parpaglia 37, Oristano
© 07 83 79 12 62, tägl. 9–20 Uhr, Juni–Sept. Mo–Fr 9–14.30 und 15.30–21, Sa/So 9–14 und 16–21 Uhr
Eintritt € 5/2,50
Funde aus der Römerstadt Tharros sind zu bewundern.

Hausstrand von Oristano mit Palmenpromenade und spanischem Wehrturm ist die **Marina di Torre Grande** (6 km westlich des Zentrums). Vom kilometerlangen, bestausgestatteten Sandstrand hat man einen schönen Blick auf die Halbinsel Sinis (und den Industriehafen von Oristano).

**Cantina Sociale della Vernaccia**
Via Oristano 149, Oristano, loc. Rimedio
© 07 83 333 83, www.vinovernaccia.com
Mo–Fr 8–13 und 16–19, im Winter 8–13 und 15–18, Sa 8–13 Uhr
Weingenossenschaft mit Direktverkauf des Vernaccia-Weins, des sardischen Sherrys.

H2

❸ **Die Sinis-Halbinsel**
Auf der windzerzausten und kaum besiedelten *Halbinsel* kommen Naturliebhaber auf ihre Kosten: glitzernde Salzseen, in denen rosarote Flamingos nach Fischen angeln,

herrlich weiße Dünenstrände, Herden weidender Schafe und ausgedehnte Weinberge, aus deren Trauben der schwere Vernaccia-Wein gekeltert wird, bestimmen das Landschaftsbild.

In den *Stagni* (Lagunenseen) nisten neben zahllosen Flamingos auch Reiher, Kormorane, Stelzenläufer und einige Falkenarten. Die Lagunenseen gehören noch zu den wenigen Gebieten im Mittelmeerraum, wo Purpurhühner und Flamingos nisten und überwintern. Die Küste zwischen San Giovanni di Sinis und der Punta Is Arutas ist inzwischen Naturschutzgebiet. Die fischreichen Gewässer bestimmen auch die hiesige Speisekarte. In den Netzen verfangen sich Aale, Karpfen, Schleien und die Meeräsche, deren getrockneter Rogen *(bottarga di muggine)* eine begehrte Delikatesse ist.

Von kunsthistorischem Interesse sind die beiden Kirchen der Halbinsel. Unter der am gleichnamigen Ort gelegenen Wallfahrtskirche **San Salvatore** fand man ein nuraghisches Brunnenheiligtum mit spätantiken Fresken. Jedes Jahr im September ist sie Ziel des »Barfüßerlaufs« (vgl. S. 77). Zu den ältesten Kirchen Sardiniens zählt kurz vor Tharros die Kirche **San Giovanni Battista di Sinis** (5./6. Jh.), eine kleine Kuppelkirche byzantinischen Ursprungs.

An der schmalen Südspitze beeindrucken die Überreste der einst größten und bedeutendsten phönizisch-römischen Hafenstadt **Tharros**. Ihre Blütezeit erlebte die reiche Handelskolonie zwischen dem 11. und 8. Jh. v. Chr. Bei einem Spaziergang über das weitläufige Grabungsareal entdeckt man Tempel und Theater, Wohnhäuser und Thermen, Aquädukte und Kanalisationsanlagen sowie Opferstätten und Nekropolen.

*Phönizisch-römische Reste: Ausgrabungen in Tharros*

**Tharros**
Loc. S. Giovanni di Sinis
✆ 07 83 37 00 19
Tägl. 9–1 Std. vor Sonnenuntergang
Eintritt € 7/4 (Kombiticket mit Museum)
Die zahlreichen Funde aus den Ausgrabungen sind im Antiquarium Arborense in Oristano und im Museo Civico von Cabras (Via Tharros, Cabras, ✆ 07 83 29 06 36, tägl. 9–13 und 16–20, im Winter 15–19 Uhr) ausgestellt.

 Surfer und Kiter fühlen sich auf der windreichen Sinis-Halbinsel besonders wohl. Beliebteste **Surfspots** sind Putzu Idu und Capo Mannu. Zu den schönsten **Stränden** gehören der Sandstrand von Is Arenas und der aus kleinsten Quarzkörnchen bestehende Strand von Is Arutas.

 **Il Caminetto**
Via Battisti 8, Cabras
✆ 07 83 39 11 39, außer im August Mo geschl.
Mehrfach ausgezeichnetes Slowfood-Lokal mit fangfrischer Fischküche. Reservierung empfehlenswert. €

**Ausflugsziele:**

Zur **Costa Verde** vgl. S. 66.

  **Archäologische Zeugnisse im Tirsotal**
Gleich drei archäologische Ziele locken in der Umgebung. In landschaftlich schöner Lage, umgeben von knorrigen Olivenbäumen liegt das nuraghische **Brunnenheiligtum** von **Santa Cristina** (tägl. 9 Uhr bis 1 Std. vor Sonnenuntergang, Eintritt € 5/2,50, Ticket auch für das ethnografische Museum in Paulilatino gültig, geöffnet tägl.

*Sardische Flora: Distel …*

außer Mo 9.30–13 und im Sommer 16–18.30 Uhr, im Frühling 15.30–18 Uhr, Herbst und Winter 5–17.30 Uhr). Der rund 3500 Jahre alte Brunnen fasziniert durch seine perfekte Bauweise. Zwischen exakt aufeinander geschichteten Quadern führt eine Steintreppe in ein unterirdisches Gewölbe zum Wasserbecken, in dem man zahlreiche Votivstatuetten und -figuren fand. Im 12. Jh. erbaute man nur wenige Meter weiter die **Wallfahrtskirche Santa Cristina**.

Der **Nuraghe Losa** nur wenige Kilometer vor Abbasanta gehört zu den besterhaltenen Nuraghen der Insel (tägl. 9 Uhr bis eine Stunde vor Sonnenuntergang, im Winter bis 17.30 Uhr, Eintritt € 5/2,50). Eine dreieckige Mauer umgab den bereits um 1000 v. Chr. erbauten Festungsturm, der ursprünglich dreistöckig war. Das zweite Geschoss ist über eine erhaltene Rampe erreichbar.

Aus römischer Zeit stammen die sehenswerten **Thermenanlagen von Fordongianus**, die sich am Flussufer des Tirso befinden (Tägl. außer Mo April–Sept. 9.30–13, 15–18.30, Juli/Aug. bis 20, Okt. 10–13, 15–18, Nov.–März 9.30–13, 14.30–17.30 Uhr, Eintritt € 4/2. Noch heute sprudelt aus einer Quelle unter den Thermen das schwefelhaltige, 54 Grad heiße Wasser, bevor es in den Tirso abfließt.

 **Arborea** `J3`
Das schachbrettartig angelegte Arborea entstand nach der Trockenlegung der malariaverseuchten Sümpfe und wurde Ende der 1930er Jahre zur neuen Heimat von Siedlern aus Venetien. So verwundert es nicht, hier ein Stück Norditalien wiederzufinden, wie z. B. sardischen Parmesankäse. Hinter dem dichten Piniengürtel erstreckt sich der feinsandige Strand von Arborea.

… *Krokus* …

**Monte Arci** `J3/4`
Schöne Wandermöglichkeiten bieten sich rund um den erloschenen Vulkan (812 m). In nuraghischer Zeit gewann man hier den wertvollen Obsidian für die Herstellung von Waffen und Werkzeugen. Als Rückzugsgebiet zahlreicher Vogelarten, von Wildschweinen und Füchsen wurde es zum Naturpark erklärt.

 ❹ **Su Nuraxi und die Giara di Gesturi** `J4/5`
Auf diesem Ausflug lassen sich Archäologie und Naturerlebnis aufs Schönste verbinden. In der sanftgewellten, baumlosen Marmilla-Ebene, aus der immer wieder ein paar Tafelberge ragen, befindet sich bei Barúmini der bedeutendste und größte Nuraghenkomplex Sardiniens: **Su Nuraxi**. Das von der UNESCO zum Weltkulturerbe erklärte Denkmal besteht aus zentralen, dreistöckigen, 15 m hohen Festungsturm mit vier Ecktürmen und einem Mauerring. Die ältesten Teile wurden 1000 v. Chr. errichtet. Vor der Festung lag ein engbebautes Rundhüttendorf, in dem man noch Reste von Öfen, Mühlen und Sitzbänken findet.

… *und Orchidee*

Größter Tafelberg der Marmilla ist mit knapp 50 km² das Naturreservat der **Giara di Gesturi**. Berühmt ist das wildromantische Basaltplateau für die hier rund 800 frei lebenden arabisch-sardischen Wildpferde, die sich meist um die durch stehendes Regenwasser gebildeten Wasserflächen, die Pauli, sammeln. Auch wenn sich die scheuen Pferde nur selten zeigen, lohnt ein Spaziergang allein wegen der reichen Flora und Fauna.

In dem ganzen Gebiet befinden sich auch zahlreiche Nuraghen, die möglicherweise zur Verteidigung oder als Wachposten dienten. Ein nuraghisches Dorf mit Rundhütten und großem Kultbereich fand man auf dem baumlosen Basaltplateau **Giara di Serri** bei der Kirche S. Vittoria (ca. 25 km östlich von Barúmini).

### Sardegna in Minatura
Loc. Riu Lardi (gegenüber Su Nuraxi)
℘ 070 936 10 04, www.sardegnainminiatura.it
Mitte März-Mitte Nov. tägl. 9 Uhr bis 1 Std. vor Sonnenuntergang, Eintritt € 10/8
Themenpark auf über 30 000 m² zur Geologie, Geschichte und Architektur Sardiniens sowie ein sehenswertes Astronomiemuseum mit Planetarium.

### Nuraghische Anlage Santa Vittoria
Auf der Giara di Serri östlich von Gesturi
Tägl. 9 Uhr bis Sonnenuntergang, Eintritt € 4/3
Komplexe nuraghische Anlage in schöner Panoramalage.

### ❹ Su Nuraxi di Barúmini
www.fondazionebarumini.it
Tägl. 9 Uhr bis eine Stunde vor Sonnenuntergang
Besichtigung nur im Rahmen von Führungen, ca. 1 Std., Führungen alle 30 Min., Eintritt € 10/8
Größter und besterhaltener Nuraghenkomplex Sardiniens.

### Giara di Gesturi
℘ 347-830 69 03 (mobil)
Der beste Zugang zur Hochebene führt über eine Straße von Gesturi zur Nuraghe de Bruncu Maili. Weitere Zufahrten über die Orte Tuili und Setzu sowie Genoni. Die Kooperative Centro Servizi Giara in Tuili (℘ 070 936 42 77, 348-292 49 83, www.parcodellagiara.it) organisiert Trekkingtouren.

### Sa Lolla
Via Cavour 49, Barúmini
℘ 070 936 84 19, in der Nebensaison Mo geschl.
Charmanter Landgasthof mit typischen Gerichten wie *fregola*, einer Art sardisches Couscous, hausgemachter Pasta und den *malloreddus* mit verschiedenen Soßen. €

## DIE OSTKÜSTE UND DAS HERZ SARDINIENS

### Die Küste von Olbia bis Orosei
Der zerklüftete Küstenstreifen südlich von Olbia ist längst kein Geheimtipp mehr. Die weißsandigen, flach ins Meer auslaufenden Strände sind im Hochsommer heillos überfüllt. Wo vor 30 Jahren nur vereinzelte Bauern- und Hirtenhäuser standen, liegen heute ansprechende, familien-

*Nuraghendorf Serra Orrios bei Dorgali*

Geschäfte in der Via Lamarmora und Via Umberto bieten eine breite Auswahl an filigranem Gold- und Silberschmuck, Lederwaren (z. B. die Tascheddas-Rucksäcke), Keramik und die aus Schafswolle geknüpften Teppiche. Im kleinen **Museo Archeologico** sind die Fundstücke aus der Nuraghen-Siedlung Serra Orrios und der Grotta di Ispingoli ausgestellt.

**Ausflugsziele:**

 **⑤ Grotta di Ispinigoli**

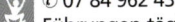 5 km nordöstl. von Dorgali
 ℡ 07 84 962 43
Führungen tägl. zu jeder vollen Stunde, April 9–12 und 15–17, Mai, Sept. 10–17, Juni 10–18, Juli/Aug. 9–20, Okt. 10–12 und 15–17, Nov.–März 12 und 15 Uhr, Eintritt € 7,50/3,50

Die gigantische Tropfsteinhöhle beeindruckt mit einem 38 m hohen, zusammengewachsenen Stalagmit-Stalaktit. Unterhalb des Höhleneinganges lockt das ausgezeichnete Hotelrestaurant mit Panoramaterrasse (€).

 **Tomba dei Giganti Sa Ena e Tomes**
Einsam gelegenes und gut erhaltenes Gigantengrab mit einer 3,70 m hohen Eingangsstele, ca. 20 km nördlich von Dorgali.

 **Villaggio Nuragico Serra Orrios**
10 km nordwestl. von Dorgali
℡ 07 84 967 21
Tägl. 9–13, Jan.–März und Okt.–Dez. auch 14–17, April–Juni und Sept. auch 15–18, Juli/Aug. auch 16–19 Uhr
Eintritt € 5/2,50

Das steinzeitliche Dorf zählt mit seinen 70 Hütten zu den größten nuraghischen Siedlungen Sardiniens. Zu der zwischen dem 15. und 7. Jh. v. Chr. entstandenen Anlage gehörten auch mehrere Tempel.

*Küste bei Baunei*

H7/8

 **Baunei und Su Golgo**
Weiter auf der landschaftlich reizvollen, aber sehr kurvigen SS 125 gelangt man nach dem Aussichtspunkt Genna Ramene (670 m) ins malerische Baunei mit spektakulärem Blick auf die Küste. Über eine Stichstraße erreicht man nach 10 km die grandiose Hochebene (Altipiano) Su Golgo mit der **Voragine di Golgo**, einem 295 m tiefen Karstloch. Erfahrene Wanderer können von hier aus den einsamen Sandstrand von **Cala Sisine** oder den Kiesstrand von **Cala Goloritzè** erreichen (immer genügend Wasser und Sonnenschutz mitnehmen!).

G7

 ❻ **Gola Su Gorroppu**
Bizarre Gesteinsformationen und eine reiche Flora und Fauna bietet die Schlucht Su Gorroppu, die der Rio Flumineddu im Laufe der Zeit durch die bis zu 300 m steilen Felswände gegraben hat. Es ist möglich, den Canyon zu Fuß zu erkunden. Bester Zugang am **Pass Genna Silana** (1017 m) knapp 20 km südlich von Dorgali. Ein ausgeschilderter, aber steiler Weg führt zum Schluchteingang (ca. 90 Min.).
Geführte Touren auf Deutsch bei Franco Murru und Sandra Lietze, die am Pass Genna Silana eine Tourist-Info betreiben, ℂ 347-423 36 50 oder 333-850 71 57 (mobil), www.gorropu.com.

F7

 **Monte Tuttavista**
Vom Gipfel des 806 m hohen Kalkmassivs bei Galtelli genießt man einen grandiosen Rundumblick auf die

Küste und die Bergwelt der Barbagia. Für Romantiker ein Muss: der Blick aus dem Felsentor Sa Petra Istampata.

**Cantina Sociale**
Via Piemonte 11, www.cantinadorgali.com
Sommer 8.30–13.30 und 15–19 Uhr, Winter bis 17.30 Uhr
Geführte Besichtigungen und Degustationen nur nach Voranmeldung.

Zahlreiche Boote fahren mehrmals tägl. zu den Buchten des **Golf von Orosei**. Tickets direkt am Hafen von Cala Gonone bei CTM, Consorzio Trasporti Marittimi, ✆ 07 84 933 05.

## Nuoro

Nuro (36 500 Einwohner), seit 1926 Hauptstadt der gleichnamigen Provinz, ist sicher keine Liebe auf den ersten Blick. Hinter einem unansehnlichen Neubaugürtel versteckt sich die beschauliche Altstadt, die noch einen Eindruck vermittelt von der Zeit, als Nuoro ein unscheinbares Bergdorf war. Einkaufs- und Flaniermeile der Stadt ist der mit Granitsteinen gepflasterte **Corso Garibaldi**. Ein Besuch lohnt sich vor allem wegen seiner interessanten Museen.

**Tourist Information**
Piazza Italia 19, 08100 Nuoro
✆ 07 84 23 88 78
www.provincia.nuoro.it

**Museo Deleddiano**
Via Grazia Deledda 42, Nuoro
✆ 07 84 25 80 88
Tägl. außer Mo Mitte März–Sept. 9–13 und 15–18, Okt.–Mitte März 10–13 und 15–17 Uhr, Eintritt frei
Im Herzen der Altstadt liegt das zum Museum umgestaltete Geburtshaus von Grazia Deledda, die 1926 für ihren Roman »Canne al Vento« (Schilf im Wind) als erste Italienerin den Nobelpreis für Literatur erhielt. In ihren noch immer lesenswerten Büchern schildert sie die archaische Welt und die gesellschaftlichen Zwänge, die bis in die Nachkriegszeit das Leben in den Dörfern des Landesinneren prägten.

**Museo della Vita e delle Tradizioni Popolari Sarde**
Via A. Mereu 56, Nuoro
✆ 07 84 25 70 35
Di 9–13 und 15–18 Uhr, Mo geschl.
Eintritt € 3/1
Das Museum gibt einen faszinierenden Einblick in die sardische Volkskunst. Neben einer Sammlung feingestickter Trachten sind reich geschnitzte Truhen, filigran gearbeiteter Gold- und Silberschmuck, sardische Musikinstru-

mente wie die typische *launedda* sowie Karnevalsmasken ausgestellt. Beeindruckend ist die Vielfalt sardischer Brote.

**Ausflugsziele:**

###  Monte Ortobene

Der bewaldete, 895 m hohe Hausberg von Nuoro bietet einen grandiosen Blick auf die Stadt, den Supramonte sowie den Gennargentu-Park. Am letzten August-Wochenende zieht in den frühen Morgenstunden alljährlich eine Prozession auf den Gipfel, zur 7 m hohen Bronzestatue des Erlösers. Die Sagra del Redentore (vgl. S. 77) zählt zu den farbenprächtigsten Festen der Insel.

### Sacchi

Loc. Monte Ortobene
✆ 078 43 12 00
Tägl. geöffnet, im Winter nur Fr–So
Rustikales und familiäres Hotelrestaurant, das sich schon wegen seiner guten Küche empfiehlt, zudem einzigartige Lage beim Gipfel des Monte Ortobene.

### Brunnenheiligtum Su Tempiesu beim Hirtendorf Orune

www.sutempiesu.it
Tägl. 9 Uhr bis Sonnenuntergang, im Winter 9–17 Uhr, Eintritt € 3/2

Als einziges Brunnenheiligtum auf der Insel bewahrt es ein spitz zulaufendes Dach aus exakt zugehauenen Trachytblöcken. Ein liebevoll angelegter botanischer Lehrpfad (ca. 900 m) führt zu der einsam liegenden Anlage, aus der noch heute eine Quelle sprudelt. Bei dem Brunnen fand man zahlreiche Votivgaben aus Bronze, darunter auch Statuetten aus dem 12.–9. Jh. v. Chr.

### Agriturismo Costiolu

SS. 389 (Nuoro–Bitti) der Beschilderung folgen, ca. 10 km von Nuoro
✆ 07 84 26 00 88, 333-563 07 40 oder 348-383 41 78 (mobil)
www.agriturismocostiolu.com

Kinder werden sich hier wohlfühlen. Katzen und Hühner springen herum, im Stall blöken Schafe und man kann beim Melken zusehen. Nicht entgehen lassen sollte man sich die leckere Küche, auf die Nonna Costiolu immer ein Auge hat (nur auf Vorbestellung). Reitausflüge sind möglich.

F/G6

F6

F6

## Oliena und der Supramonte

Das herbe Bergdorf am Hang des Supramonte bietet sich als ideale Ausgangsbasis für Wanderungen oder Mountainbiketouren an. Vom ansprechenden **Hotel Maccione** mit guter lokaler Küche erreicht man durch dichte Steineichenwälder die beiden bizarr geformten Supramonte-Gipfel **Punta Sos Nidos** (1349 m, ca. 2,5 Std.) und **Monte Corrasi** (1463 m, ca. 3 Std.). Die Cooperative Turistica Enis, die das Hotel bewirtschaftet, organisiert auch geführte Wanderungen. Info: Loc. Monte Maccione, 08025 Oliena, ℡ 07 84 28 83 63, www. coopenis.it.

*Knorrig: sardischer Hirte*

### Ausflugsziele:

👁 **Su Gologone**
🍴 Besonders an warmen Sommertagen ist die Quelle von Su Gologone ein märchenhaftes Ausflugsziel. In einem lichten Wald von Eukalyptus, Pappeln und Oleander ergießt sich aus den karstigen Felswänden des Supramonte mit bis zu 300 l pro Sekunde das glasklare

G7

*Viehauftrieb im Supramonte*

*Wildpferde (»cavalli liberi«) in den Bergen des Gennargentu*

die Wildpferde, die am Oberlauf des Flumendosa leben, eingefangen und zugeritten werden. Ein schönes Wandergebiet liegt am nahen **Monte Textile** (975 m), dessen aufragende Felsnadel schon den Nuraghern als Kultplatz diente.

 H/G 5/6

In zahlreichen Dörfern sind die alten Handwerkstraditionen noch lebendig. So findet man in **Tonara, Gadoni, Atzara** und **Sarule** schöne handgewebte Teppiche, in **Gavoi** reich geschnitzte Truhen und Schränke und in **Desulo** fein gestickte Trachtenaccessoires. Aus Tonara kommen seit drei Jahrhunderten auch die Tierschellen, die den Weidetieren umgehängt werden. Typische kulinarische Produkte sind der Kastanien- und Akazienhonig und der *torrone* (Honignougat) aus Tonara.

 H5

**Hotel Sa Muvara**
Aritzo
✆ 07 84 62 93 36
www.samuvarahotel.com
Ostern–Anfang Nov.
Charmantes Hotel mit Pool und exquisiter Küche inmitten eines Kastanienwaldes am Ortsrand. Ideal als Ausgangspunkt für die Erkundung des Landesinneren.

H5

**Locanda del Muggianeddu**
Via Monsignore Tore 10, Tonara
✆ 07 84 638 85, Mo geschl., außer im Aug.
Traditioneller Gasthof mit herzhafter Bauernküche. €

 H5

**Antonio & Carlo Sulis**
Via Giovanni XXIII, Tonara
✆ 07 84 638 45
Die sardische Schellenschmiede.

**Torronificio Artigiano di Antonietta Marotto**
Via Roma, 6, Tonara
℡ 07 84 638 24
*Die* Adresse für *torrone*, Honignougat.

H5

## Arbatax und die Ogliastra

Am Ende des Golf von Orosei endet die Steilküste und es beginnen die endlosen Sandstrände der **Ogliastra**. Die Küste säumen seichte Strände, die vor allem Familienurlauber begeistern. Abwechslung bieten Ausflüge ins bergige Hinterland oder eine Fahrt auf der kurvenreichen Schmalspurstrecke ins Landesinnere.

H7/8

**Arbatax**, der kleine Hafenort der geschäftigen Provinzhauptstadt **Tortolì**, liegt auf einer felsigen Halbinsel. Ein beliebtes Fotomotiv sind seine roten, ins Meer ragenden Porphyrklippen am **Capo Bellavista**. Vom Hafen starten die Ausflugsboote in die umliegenden Buchten des Ferienortes **S. Maria Navarrese**, zur Cala Goloritzè und in die Buchten des Golf von Orosei bis nach Cala Gonone.

H8

Besuchermagnet sind die umliegenden endlosen Sandstrände wie die Spiaggia Girasole im Norden oder der Lido di Orri im Süden. Lange Sandstrände gibt es an der **Marina di Bari** (Spiaggia Cea) mit ihrem markanten Sarazenenturm sowie bei **Museddu** (Spiaggia Sa Perda Pera) und bei **Foxi Manna**, die auch bei Surfern sehr beliebt sind.

J7

Die einstige Grenze zum Judikat von Cagliari markiert das **Castello di Quirra** auf dem 296 Meter hohen Monte Cudias, von dem man einen grandiosen Blick auf die weitgehend unbesiedelte Landschaft hat. Die kleine romani-

K7

*Blick auf Aritzo*

sche Kirche **San Nicolò di Quirra** (12. Jh.) zu Füßen des Hügels ist die einzige sardische Backsteinkirche Sardiniens.

 **Tourist Information**
– Via Garibaldi 31 (provisorisch), 08048 Tortolì
✆ 07 82 62 43 48
– Via Lungomare 88, 08048 Arbatax
✆ 339-899 29 39 (mobil), www.arbatax.eu

❽ **Trenino Verde**
Zw. Arbatax und Mandas (70 km von Cagliari)
www.treninoverde.com
Mitte Juni–Mitte Sept. zweimal tägl. außer Di
Die Schmalspurbahn führt auf einer 160 km langen Strecke durch die wildromantische Berglandschaft der Barbagia (ca. 5 Std.).

**Ausflugsziele:**

**Fischen mit Erfolgsgarantie**
Die Kooperative Pescheria di S. Giovanni bietet die Möglichkeit gegen eine Gebühr (€ 10 pro Angel, Mo–Sa 8–12 und 14–18, So 8–12 Uhr) in dem fischreichen **Stagno di Tortolì** zu fischen. Nach Voranmeldung (min. 20 Pers.) kann man auch einen Spaziergang mit einer Biologin unternehmen, auf dem man alles über die Fische in dieser 300 ha großen Lagune erfahren kann. Info: Ittoturismo La Peschiera Coop. Pescatori Tortolì, ✆ 07 82 66 44 15.

**Grotta Su Marmuri**
Oberhalb des Bergdorfs Ulassai
Besichtigung nur mit Führung (ca. eine Std.): April (Ostern) 11, 14.30, 17, Mai–Juli und Sept. 11, 14, 16 und 18, Aug. 11, 13, 15, 17 und 18.30, Okt. 11, 14.30 Uhr, Eintritt € 10/6
Hauptattraktion des Hinterlandes ist die Tropfsteinhöhle, die zu den größten Sardiniens gehört. Sie besteht aus mehreren Sälen und bis zu 12 m hohen Stalagmiten.

An der Straße zur Grotte gibt die Webkooperative **Su Marmuri** einen Einblick in die traditionelle Webtechnik. Die handgewebten Teppiche kann man auch erwerben (Piccola Cooperativa Su Marmuri, Via Funtana Serì, Ulassai, ✆ 07 82 790 76, www.sumarmuri.it).

**Geisterdorf Gairo Vecchio**
Ein Erdrutsch zwang 1951 die Bewohner von Gairo ihren Ort zu verlassen und weiter oben am Hang das neue Gairo Sant'Elena zu bauen. Die alten Häuserruinen vermitteln noch einen Eindruck der sardischen Architektur.

**Der Südosten**
Der Südosten gehört mit seinen herrlichen Sandstränden schon zum touristischen Einzugsgebiet von Cagliari. Die

Panoramastraße SS 125, die durch tiefe Schluchten, Steineichenwälder und eine von Macchia-Gebüsch überwachsene Felslandschaft führt, verbindet das Sarrabus-Gebiet
mit der nahen Inselmetropole. Den nördlichen Zugang
bildet das Zitronen- und Orangenstädtchen **Muravera** an
der fruchtbaren Mündung des Flumendosa- Flusses. Südlich der Stadt erstrecken sich die für Flora und Fauna Sardiniens so wichtigen *Stagni* (salzige Lagunenseen). Mit etwas Glück kann man hier Flamingos, Kormorane und Stelzenläufer beobachten.

Jenseits des Capo Ferrato beginnt die zehn Kilometer
lange **Costa Rei**. Kilometerlanger weißer feiner Sandstrand und glasklares Wasser bestimmen die Königsküste
und locken besonders im Hochsommer Tausende von Ba-
degästen, darunter auch viele Cagliaritaner, die hier ihre
Wochenendhäuschen haben.

Das einstige Fischerdorf **Villasimius** ist heute sommerli-
che Touristenhochburg und quirliger Yachthafen. Der
Schriftsteller Ernst Jünger schrieb 1954 hier sein Buch
»Am Sarazenenturm«. Rund um das **Capo Carbonara** liegen feinsandige Strände wie die Spiaggia Simius, die Cala di Sinzias oder die Cala Giunco beim Stagno Notteri.
Wegen seiner artenreichen Flora und Fauna wurde der
Abschnitt zwischen **Capo Boi** und der **Insel Serpentara**
zum Meerespark erklärt. Vor einigen Jahren wurde vor
der **Isola dei Cavoli** sogar die vom Aussterben bedrohte
Mönchsrobbe gesichtet.

Die kurven-, aber panoramareiche Küstenstraße zwischen Villasimius und Cagliari bietet immer wieder groß-
artige Blicke aufs Meer. Da stören auch nicht die vielen
Hotelanlagen und Feriensiedlungen. Zu den Traumbuchten, die man sich nicht entgehen lassen sollte, gehören
der Strand von **Porto Sa Ruxi**, die Spiaggia von **Solanas**,

*Fischerboote an der Punta Molentisbei Villasimius*

![](Fischerboote an der Punta Molentisbei Villasimius)

*Blick auf Cagliari*

Spiagge Cann e' Sisa und Genn e' Mari beim Ferienstädtchen **Torre delle Stelle**, die Spiaggia Kala e Moru bei **Geremeas**, die steinige Bucht von Cala Regina und der Sandstrand von Is Mortorio.

### Tourist Information
Piazza Giovanni XXIII., 09049 Villasimius
✆ 070 79 3 02 71
www.villasimiusweb.com

### El Peyote
SP km 49, Villasimius, Loc. Campus
Ab 23.30 Uhr
Die kultigste Disco und Cocktailbar im weiten Umkreis von Cagliari. Wer am strengen Türsteher vorbeikommt, kann scharfe mexikanische Küche genießen, zu Hip-Hop, Commercial oder Revival auf den Tischen abtanzen oder sich in der ruhigen Gartenanlage entspannen. Vorwiegend Unter-30-Publikum.

**Ausflugsziel:**

### Monte dei Sette Fratelli

Das Granitmassiv der »Sieben Brüder«, wie es wegen seiner sieben baumlosen Bergspitzen genannt wird, ist ein dicht bewaldeter Park mit beschilderten Wanderwegen. Längs der einstigen Köhlerwege kann man noch auf den vom Aussterben bedrohten sardischen Hirsch stoßen. Begleitung bei Wanderungen bietet die

Cooperativa Monte dei Sette Fratelli, P. Centrale, 09040 Castiadas, ℰ 07 09 94 72 00, www.montesettefratelli.com. Näheres über den *Cervo Sardo* im Museum in der Caserma Forestale »Umberto Noví« am Monte dei Sette Fratelli (36 km auf der SS 125 nahe Burceì), ℰ 070 83 10 38, Juni–Sept. tägl. 10–18 Uhr.

## CAGLIARI UND DER SÜDWESTEN

### Cagliari

Mit 150 000 Einwohnern ist Cagliari die größte Stadt Sardiniens. Als Sitz der autonomen Regierung, einer Universität und wichtiger Banken sowie bedeutender Computer- und Internetfirmen (Tiscali) gehört sie zu den quirligsten und aufgeschlossensten Städten der Insel. Der Stadtkern mit seinen antiken, mittelalterlichen und barocken Zeugnissen ist trotz der verheerenden Bombardierung im Zweiten Weltkrieg weitgehend erhalten. Prägend für das Stadtbild sind das Hafenviertel und das Castello, eine mächtige Zitadelle, die majestätisch über der Stadt thront.

Dank ihrer zentralen Lage im Mittelmeer war die Hafenstadt im geschützten Golfo degli Angeli (»Bucht der Engel«) schon früh ein begehrter Siedlungsplatz. Zunächst karthagische Handelsniederlassung, dann römischer Getreide- und Silberausfuhrhafen, im 11. Jahrhundert freie Stadt und Kapitale der vier Judikate, wurde sie Mitte des 12. Jahrhundert von den Pisanern zur Festung ausgebaut, schließlich 1324 von den Katalanen erobert und einem ausbeuterischen Feudalsystem unterworfen. Erst im 18. Jahrhundert fiel sie als Kriegspfand an das norditalienische Königreich Savoyen und wurde 1860 Teil des gesamtitalienischen Königreiches.

### Stadtrundgang

Einen ersten Überblick verschafft man sich am besten von der hoch gelegenen **Bastione di San Remy**, einer grandiosen Aussichtsterrasse und Treffpunkt der Cagliaritaner. Von der **Terrazza Umberto** schweift der Blick vom Hafen bis zum Poetto im Osten, von den weiten Lagunenseen bis hin zu den einförmigen Neubauvierteln. Eine Institution ist das traditionsreiche Antico Caffè an der darunter liegenden Piazza Costituzione. Einen schönen Blick genießt man auch vom **Torre dell'Elefante** (April–Okt. tägl. außer Mo 9–13 und 15.30–19.30, sonst 9–16.30 Uhr). Seinen Namen verdankt der Turm einem kleinen Marmorelefanten über dem gut erhaltenen Falltor. Gemeinsam mit dem nördlichen **Torre di San Pancrazio** gehörte er zu den pisanischen Befestigungsanlagen.

Über 400 Jahre war das ummauerte Castello-Viertel Regierungsviertel zunächst der Pisaner und dann der Katalanen. Bis ins 16. Jahrhundert durften sich die Sarden nur

tagsüber darin aufhalten. Bei Zuwiderhandlung wurden sie über die Mauer geworfen. Noch vor kurzem wehte über dem Viertel ein morbider Charme des Verfalls. Doch seit einigen Jahren wird kräftig saniert.

aB3

Prunkstück des Viertels ist der erstaunlich gut erhaltene **Dom Santa Maria di Castello** (12.30–16.30 Uhr geschl.). Er wurde im 13. Jahrhundert im pisanisch-romanischen Stil errichtet, später aber von den Spaniern barockisiert. Seine schneeweiße Marmorfassade mit vorgeblendeten Zwerggalerien schuf man jedoch erst 1933. Ein Geschenk aus dem Dom von Pisa ist die herrliche Marmorkanzel (1159–62) des pisanischen Meisters Guglielmo gleich neben dem Hauptportal. In der Barockzeit schnitt man sie allerdings pietätlos in zwei Teile. Die dazu gehörigen Löwen wachen seither am Eingang des Presbyteriums. Sehenswert ist auch die Krypta mit über 600 verschiedenen Rosetten.

aA2

Für Kulturinteressierte hat Cagliari eine Menge zu bieten: Ganze Tage könnte man in der **Cittadella dei Musei** verbringen. Der moderne Museumskomplex, der in Teile der antiken Zitadelle eingefügt wurde, birgt eine Reihe von Museen, darunter das spektakuläre ❾ **Museo Archeologico Nazionale**, ein Muss für jeden Cagliari-Besucher. Einzigartig ist neben den punischen und römischen Fundstücken seine Sammlung von *bronzetti*, jenen filigranen Bronzestatuetten aus der Zeit der Nuragher. Die **Pinacoteca Nazionale** zeigt Tafelbilder sardischer und katalanischer Maler aus dem 14. bis 17. Jahrhundert.

nördl.
aA2

Die italienische und sardische Moderne ist mit durchaus beachtlichen Werken in der **Galleria Comunale d'Arte** vertreten. Die Kunstgalerie befindet sich außerhalb des Castello-Viertels in einem neoklassizistischen Gebäude mitten in den sehr gepflegten städtischen Gartenanlagen.

Durch die **Porta Cristina**, den antiken Eingang des spanischen Arsenals, gelangt man ins **Stampace-Viertel**, in dem zahlreiche archäologische Funde gemacht wurden. Aus römischer Zeit stammt das aus dem Fels gehauene

*Ruine des römischen Theaters in Cagliari*

*Sant'Efisio-Prozession in Cagliari*

**Amphitheater** (2. Jh.), das Platz für 20 000 Menschen bot. Noch heute ist es ein Vergnügungsort der Cagliaritaner. Im Sommer finden hier regelmäßig Konzerte und Festivals unter freiem Himmel statt. Eine Oase der Ruhe ist der fünf Hektar große **Orto Botanico** der Universität mit Gewächsen aus fünf Kontinenten.

Wichtige Kirchen des Viertels sind die im barocken Dekor schwelgende Jesuitenkirche **San Michele** aus dem 17. Jahrhundert und die künstlerisch unscheinbare, aber bedeutendste Kirche von Cagliari **Sant'Efisio** (im Sommer Di–So 9–13 und 17–20, im Winter 8.30–17.30 Uhr). Sie ist dem Stadtheiligen von Cagliari geweiht und Ausgangspunkt für ein vier Tage dauerndes Fest im Mai, bei dem die Statue des Heiligen in einer Prozession nach Pula und zurückgetragen wird. Zu einer Kaffeepause unter Schatten spendenden Palmen laden die Bars an der **Piazza Yenne**.

Einen Abstecher verdient der Wallfahrtsort **Santuario di Bonaria**, der weithin sichtbar auf einem Hügel östlich der Stadt thront. Eine imposante Freitreppe führt zur barockisierten Wallfahrtskirche aus dem 14. Jahrhundert, von der man einen grandiosen Blick auf die Stadt und den Golfo degli Angeli genießt. Im Inneren bewahrt die Kirche ein Madonnenbild, das Ende des 14. Jahrhundert in einer Holzkiste an Land gespült wurde. Die Madonna gilt seither als Schutzpatronin der Seeleute und seit 1907 auch der Insel Sardinien. Im angeschlossen Kreuzgang und Museum sind zahlreiche Votivbilder und -gaben ausgestellt, die vom wundertätigen Wirken der Madonna zeugen. Am östlichen Rande der Stadt liegt auch die Kirche **San Saturno** aus dem 5. Jahrhundert, die als älteste Kirche der Insel gilt. Den Abend kann man im **Marinaviertel**, dem alten Fischerviertel zwischen der Via Manno und der Via Roma in einem der zahlreichen Restaurants oder einer Pizzeria ausklingen lassen.

 aD2

**Tourist Information**
Stazione Marittima, Molo Sanità
☏ 338-649 84 98 (8–15 Uhr), www.cagliariturismo.it
Tägl. 8–20 Uhr

 aA2

**Cittadella dei Musei**
Piazza Arsenale, Cagliari
–  **⑨ Museo Archeologico Nazionale Giovanni A. Sanna**
Tägl. außer Mo 9–20 Uhr, Eintritt € 3/1,50
– **Pinacoteca Nazionale**
Tägl. außer Mo 9–20 Uhr
Eintritt € 3/1,50, Kombiticket € 5/2,50
Das archäologische Museum zeigt punische und römische Fundstücke sowie *bronzetti*, die Pinakothek Tafelbilder.

 nördl. aA2

**Galleria Comunale d'Arte**
Largo Giuseppe Dessi (Giardini Pubblici), Cagliari
Tägl. außer Di 10–18, im Sommer bis 21, Do bis 24 Uhr
Eintritt € 6/2,50
Werke der italienischen und sardischen Moderne.

 aA1

**Anfiteatro Romano**
Viale Fra' Ignazio, Cagliari
www.anfiteatroromano.it
Z. Zt. wegen Restaurierungsarbeiten geschlossen.

 östl. aC5

**Santuario di Bonaria**
Piazza Bonaria, 09125 Cagliari
www.bonaria.eu
Kirche tägl. 6.30–11.30 und 16.30–19, Museo Marinaro Mo–Fr 9–11 und 17–19 Uhr
Am ersten Sonntag im Juli findet eine große Prozession zu Ehren der *Nostra Signora di Bonaria* statt.

 L5

Der Hausstrand von Cagliari ist der **Poetto**, ein 8 km langer, flach ins Meer auslaufender Sandstrand mit gut ausgestatteten Strandbädern, Bars und Pizzerien.

 aB1

**Orto Botanico**
Viale Sant'Ignazio da Laconi 11, Cagliari
☏ 070 675 35 12, www.ortobotanicoitalia.it
Nov.–März Mo–Fr 8.30–13.30 Uhr, April–Okt. Mo–Fr 8.30–18 Uhr, Eintritt € 4
Botanischer Garten mit Gewächsen aus fünf Kontinenten.

 aC2

 **Saint Remy**
Via Torino 16, Cagliari
☏ 070 65 73 77, www.stremy.it, So geschl.
Exzellentes Lokal in einem alten Gewölbe mit ambitionierter sardischer Küche und besten Weinen. €€–€€€

**Lillicu**
Via Sardegna 78, Cagliari
℡ 070 65 29 70

aC3

Einfache und alteingesessene Trattoria im Marina-Viertel. Spezialität des Lokals ist das Arme-Leute-Gericht *burrida*, Katzenhai in einer Soße aus Leber, Knoblauch, Petersilie, Essig, Walnüssen und Paniermehl. €

 **Libarium Nostrum**
Via Santa Croce 33, Cagliari
Mo geschl.

aB2

Café mit Kultcharakter im Castello-Viertel. Treffpunkt der Cagliaritaner zum Kaffee oder Aperitif. Von der Terrasse atemberaubender Blick auf die Stadt.

Treffpunkt der *movida* ist das Marina-Viertel und die **Piazza Yenne**. Zu den angesagten Clubs der Inselmetropole gehört das noble, direkt am Strand gelegene **Lido** (Lungomare Poetto 41, Poetto, von Juni–Sept. Fr–So ab 24 Uhr)

aB2

östl. aD5

Gute Shoppingadressen sind die **Via Manno** und die **Via Garibaldi**, wo sich Boutiquen und trendige Klamottenläden aneinander reihen. Eine gute Auswahl an Gold- und Silberschmuck hat man im **Marina-Viertel** rund um die Via Sardegna. Weinliebhaber werden in der **Enoteca Cagliaritana** (Scalette di Santa Chiara 21, nahe Piazza Yenne, www.enotecacagliaritana.it) fündig, die auch alle Liköre und Grappe Sardiniens führt.

aC3

aB2

Eine Stadtbesichtigung kann man auch mit der rot-blauen **Bimmelbahn** unternehmen, täglich ganzjährig (im Winter Mo geschl.) ab Piazza Carmine (ca. 45 Min.) zur vollen Stunde 10–12 und 16–19 Uhr. Mit der **weißen Bahn**, die gegenüber der Buchhandlung Cocco an der Piazza Yenne abfährt, tuckert man bis Poetto (www.trenino.it, Ticket € 8, unter 3 J. frei).

**Ausflugsziele:**

Zum Nuraghen-Dorf **Su Nuraxi** und der **Giara di Gesturi** vgl. S. 39 f.

 **Museo Ferrovie della Sardegna/Eisenbahnmuseum**
Via Pompeo, Monserrato (nördlicher Vorort)
Zurzeit wg. Renovierung geschlossen.

L5

Das Bahnmuseum erzählt von den Anfängen der sardischen Schmalspurbahn. Auf fast 1000 m² sind begehbare Dampflokomotiven, Waggons und Werkzeuge zur Streckenlegung ausgestellt.

 **Die Stagni von Molentargius und Santa Gilla**
Die einstigen Salinenbecken um Cagliari sind zum Lebensraum von über 200 Vogelarten geworden, darun-

L5

ter Reiher, Kormorane und Flamingos, die hier nicht nur überwintern, sondern ganze Kolonien gegründet haben. Führungen organisiert die **Associazione per il Parco Molentargius Saline Poetto**, Centro di Educazione Ambientale Molentargius, Via La Palma, ✆ 070 37 91 92 16, www.apmolentargius.it.

**L4**

### Monte Arcosu
In den dicht bewaldeten Bergen von Arcosu, westlich von Capoterra, lebt in einem 3000 Hektar großen WWF-Naturreservat noch der sardische Hirsch in freier Wildbahn. Touren in dem Park bietet die **Cooperativa Il Caprifoglio** an, Via Umberto I. 15, Uta, ✆ 070 96 87 14, www.ilcaprifoglio.it.

**M/N 3–5**

### Costa del Sud
Nur wenige Kilometer jenseits der petrochemischen Industrieanlagen südlich von Cagliari kann sich das Auge wieder erholen. Feinsandige, von Pinien- und Eukalyptuswäldern beschattete Strände säumen die Küste und bilden das Tor zur Costa del Sud, einem herrlichen Küstenabschnitt, der von Santa Margherita di Pula bis hinter das Capo Teulada reicht.

**M5**

Ein beliebtes Ausflugsziel von Cagliaritanern und Touristen ist das lebhafte Städtchen **Pula**, in dem vor allem abends etwas los ist. Treffpunkt ist die Piazza del Popolo mit ihren zahlreichen Bars und Restaurants, im Sommer Kulisse von Open-Air-Veranstaltungen und folkloristischen Musikabenden. Im Mai ist das romanische Kirchlein **Sant'Efisio** vor den Toren der Stadt Ziel einer der aufwändigsten Prozessionen der Insel zu Ehren des Stadtheiligen von Cagliari (vgl. S. 57).
Badespaß und Kultur bietet die meerumspülte Landzun-

*Küstenwachturm und Bucht an der Costa del Sud*

*Dünenlandschaft an der Costa del Sud bei Chia*

ge **Capo di Pula**, wo eine Springflut die Ruinen der rö- misch-punischen Hafenstadt **Nora** ans Tageslicht brachte. Bereits im 9./8. Jh. v. Chr. gründeten Phönizier eine erste Handelsniederlassung. Ihre Blütezeit erlebte sie unter den Römern, die sie 240 v. Chr. eroberten und überbau- ten. Säulen, Tempel, Thermen, ein beeindruckendes The- ater und Privatvillen mit wunderbar erhaltenen Boden- mosaiken zeugen von der Bedeutung der Stadt. Die zahl- reichen Fundstücke sind im **Archäologischen Museum** von Pula ausgestellt. Die berühmte Stele von Nora, auf der zum ersten Mal der Name Sardinien erwähnt wird, befindet sich allerdings im Nationalmuseum in Cagliari.

Kurz vor dem Ausgrabungsgelände gibt das erst vor wenigen Jahren eröffnete **Aquarium Laguna di Nora** ei- nen Einblick in die Flora und Fauna des Meeres und der Lagunenseen.

Feriendörfer, Villensiedlungen und Hotelanlagen der oberen Preisklasse prägen hingegen die Küste um **Santa Margherita di Pula**. Erst bei **Chia** geht es wieder beschau- licher zu. Erste Traumbuchten öffnen sich am **Torre di Chia** mit kleinen Lagunen und malerischem Sarazenen- Turm. Weiter westlich erstrecken sich dann die blendend- weißen ❿ **Sandstrände von Baia Chia** mit ihren bis zu 30 m hohen Dünen und den Ruinen der phönizischen Stadt Bithia, die größtenteils unter Wasser liegen. Für Sur- fer herrschen ideale Windbedingungen. Beste Spots sind die Bucht von Cala Cipolla und der Karibikstrand von Su Giudeu. Von der kurvigen Panoramastraße, die durch ein- same, Macchia überwucherte Landschaften ins ruhige Porto Teulada führt, locken weitere (noch unverbaute) Buchten wie der herrliche Dünenstrand Spiaggia Tue- redda mit den im Meer vorgelagerten Inseln oder die Kiesbucht Cala Su Turcu bei **Porto Pino**.

Eine Attraktion des bergigen Hinterlandes ist die riesi- ge **Tropfsteinhöhle** von **Is Zuddas** an der Landstraße von Tuelada nach Santadi. Die Besonderheit dieser Höhle sind die sogenannten exzentrischen Aragoniten, die sich ohne Rücksicht auf die Gesetze der Schwerkraft ausgebildet ha- ben. Einen Abstecher ins landwirtschaftliche Städtchen

M5

M4/5

N4

M3

M3/4

*An der Costa del Sud bei Chia*

**Santadi** lohnt auch allein wegen der hervorragenden Rotweine, wie dem inzwischen zum Kultwein erhobenen »Terre Brune«. Auf der Straße von Villaperuccio nach Narcao stößt man auf die beeindruckende und gut erhaltene **Nekropole von Montessu** mit mehr als 40 steinzeitlichen Felsengräbern.

**Museo Archeologico Patroni**
Corso Vittorio Emanuele 67, Pula
z. Zt. geschl.
Antike Funde aus Pula und Umgebung.

**Area Archeologica di Nora**
Pula
Tägl. im Sommer 9–20, im Winter 9–17.30 Uhr
Eintritt € 5,50/3
Sehenswert vor allem wegen der Reste punischer Bauten und einem römischen Theater. Teile der alten Siedlung wurden erst 1889 bei einer Springflut entdeckt und danach freigelegt.

**Grotta Is Zuddas**
Santadi, an der Straße nach Tuelada
www.grotteiszuddas.com
April–Juni tägl. 11, 12.15, 15, 16.15, 17.30, Juli–Sept. tägl. 10–12.15 und 14.30–18 Uhr, Okt. und März sowie 20.12.–6.1. tägl. 12 und 16 Uhr, Eintritt € 10/7
Die riesige Tropfsteinhöhle ist einen Besuch wert.

**Necropoli di Montessu Villaperruccio**
Straße von Villaperuccio nach Narcao
Tägl. 9–18.30 Uhr, Eintritt € 5/3 (Rundgang ca. 1,5 Std.)
Mehr als 40 steinzeitliche Felsengräber.

**Aquarium Laguna di Nora**
Pula
www.lagunadinora.it

Besichtigungen tägl. außer Mo Juli/Aug. 10–20, Juni und Sept. 10–19 Uhr, Eintritt € 8/6; Kanutouren (Dauer ca. 3 Std., einschl. Besichtigung), tägl. Juli/Aug. 10 und 17, Juni und Sept. 10 und 16 Uhr, Ticket € 25/15; Schnorcheln (Dauer ca. 3 Std., einschl. Besichtigung), tägl. Juni–Sept. 10 Uhr, Ticket € 25/15

**La Rosella**
Via Principe di Piemonte 135, Giba
℡ 07 81 96 40 29
Stimmungsvoller Familienbetrieb, der an die üppigen Festmahle meiner Großmutter erinnert. €€

**Su Gunventeddu**
Loc. Su Guventeddu–Baia di Nora, Pula
℡ 070 920 90 92
www.sugunventeddu.com
Di und Mi mittag geschl.
Familiäres Hotelrestaurant mit guter Fischküche beim Strand von Nora. €

Die Diskotheken von Pula sind ein Muss für Night-
life-Freaks. In einem sardischen Landhaus mit großem Innenhof befinden sich Open-Air-Disco und Restaurant **Corte Noa** (SS 195, km 32,2. www.corte noa.com). Besonders angesagt ist der Club **Grace K** (Via Armando Diaz, Pula, www.facebook.com/graceckdiscoclub), der mit Themenpartys und Motto-Festen immer im Gespräch ist.

**Cantina Santadi**
Via Cagliari 78, Santadi
℡ 07 81 95 01 27, www.cantinadisantadi.it
Besichtigung nur nach Voranmeldung
Ambitionierte Weinkellerei.

## Sant'Antioco

Die beiden Inseln Sant'Antioco und San Pietro bilden den **Archipel von Sulcis**. Sant'Antioco ist durch einen Damm mit dem Festland verbunden, den die Phönizier anlegten, um wie später auch die Römer vom Hafen die Bodenschätze der Region (Blei und Silber) zu verschiffen. Eine zweite Blüte erlebte die Insel unter Mussolini, der den Hafen ausbauen ließ, um Sardinien zum Rohstofflager Italiens zu machen.

Ihren Namen verdanken Insel und Stadt dem dunkelhäutigen Sant'Antioco, dem Schutzpatron Sardiniens, der nach einer Legende von den Römern auf einem Boot im Meer ausgesetzt wurde und sich an die Küste von Sulcis retten konnte. Unter der ihm geweihten Kirche Sant' Antioco kann man sich auf die Spuren des Heiligen begeben, der in einem weit verzweigten System von punischen Kammergräbern und christlichen Katakomben seine letzte Zuflucht fand. Sprungbrett zur Insel S. Pietro ist das rechtwinklig angelegte, freundliche **Calasetta**, das Ligurer und Genuesen gegen Ende des 18. Jahrhunderts gründeten. Schöne Sandstrände findet man im Süden der Insel.

**Tourist Information**
Piazza Repubblica 41 a, 09017 Sant'Antioco
℗ 07 81 84 05 92

**Museo Civico Archeologico und Ausgrabungen**
Piazza Insulaplumbea, Sant'Antioco
℗ 07 81 82 105, www.archeotur.it
Archäologisches Museum und Tophet: tägl. 9–19 Uhr, Ethnographisches Museum, Festungsanlagen, ehemalige unterirdische Grabanlage und Siedlung: April–Sept. tägl. 9–20, sonst 9.30–13 und 15.30–18 Uhr
Eintritt nur Archäologisches Museum € 6, einschl. Tophet € 7, einschl. Ethnographisches Museum und Festungsanlage € 13/8
Im Rahmen einer Führung können Zeugnisse der frühen Besiedlung des antiken Sulcis besucht werden, darunter die punisch-römische Nekropole und die phönizische Brandopferstätte auf einem Hügel an der Via Tanit.

**Basilica Sant'Antioco**
Piazza Parrocchia 22, Sant'Antioco
Tägl. 9–12 und 15–18 Uhr, Eintritt Katakomben € 2,50
Viel besucht werden die Katakomben unter der Kirche.

**Da Pasqualino**
Via Regina Margherita 85, Calasetta
℗ 07 81 884 73
Di geschl.
Gute Fischküche, vor allem Thunfisch und Couscous mit Meeresfrüchten. €

**Fährverbindung** Calasetta–Carloforte und zurück mehrmals tägl. mit der Fährgesellschaft Siremar oder Delcomar.

## S. Pietro

San Pietro ist anders! In **Carloforte**, dem einzigen Ort auf der Insel, leuchten die Häuser in Pastellfarben, sprechen die Menschen einen altmodisch klingenden ligurischen Dialekt und zu den typischen Gerichten zählt *Cassulli alla Carlofortina*, Nudeln mit Tomatensoße, Thunfisch und – Pesto! Noch fast 300 Jahre nachdem ligurische Fischer von der piratengebeutelten Insel Tabarka vor Tunesien hierher übersiedelt waren, halten sich ligurische Bräuche und Traditionen.

Die Insel ist ein beliebtes Ausflugsziel vor allem in den Sommermonaten und im Frühjahr, wenn die Fischer auf traditionelle Thunfischjagd gehen. Das blutige Abstechen ist allerdings kein Schauspiel für schwache Nerven! Im Norden der Insel können interessierte Besucher die alten Fanganlagen für Thunfisch besuchen. 90 Prozent des Fanges wandert übrigens direkt nach Japan, wo Höchstpreise für den schmackhaften sardischen *tonno rosso* bezahlt werden.

Ein Schauspiel für die Augen ist die Panoramastraße zur steil abfallenden Küste am **Capo Sandalo** und zum Fjord von Cala Fico, wo der italienische Vogelschutzbund (LIPU) Beobachtungsplätze eingerichtet hat, um den Nestbau des Wanderfalken zu verfolgen. Schönster Strand ist La Bobba, an dem auch Le Colonne, zwei Felsnadeln aus Trachyt, aus dem Meer aufragen.

**Tourist Information**
Corso Tagliafico 2, 09014 Carloforte
℡ 07 81 85 40 09
www.carloforte.net
www.isoladisanpietro.org

Mehrmals tägl. vom Fähr- und Industriehafen **Portovesme** (Festland) und **Calasetta** (Isola Sant'Antioco) mit der Fährgesellschaft Saremar oder Delcomar. Von Mitte Juli–Mitte Sept. auch Nachtverbindungen.

## Iglesiente und Sulcis

Der Bergbau im Iglesiente und Sulcis hat eine über 3000-jährige Tradition. Schon Punier und Römer förderten hier Silber, Zink und Blei. Auf der Hochebene des **Monte Sirai** etwa vier Kilometer nordwestlich von Carbonia errichteten die Punier von Sulcis eine Kolonie mit Wohnquartieren, Nekropolen, Kultplätzen und Tophet, um das nuraghische Hinterland besser zu kontrollieren. Unter den Pisanern wurde **Iglesias** zum Zentrum des Bergbaugebietes des Iglesiente. Die Bürgerhäuser der hübschen Altstadt zeugen vom Glanz vergangener Tage.

Sehenswert ist das **Museo dell' Arte Mineraria** in Iglesias mit einer Mineralien- und Fossiliensammlung. Es dokumentiert die Geschichte des Bergbaus. Erst in den 1990er Jahren wurden die meisten Bergwerke stillgelegt. Der seit 1938 betriebene Steinkohlenabbau bei **Carbonia** wurde wegen seiner minderwertigen Qualität 1971 eingestellt.

Touristisch ist dieser Teil der Insel kaum erschlossen. Seit einigen Jahren versucht man diese interessanten Zeugnisse der Industriearchäologie auch touristisch zu nutzen. Zum großen Teil (noch) unverbaut sind die kilometerlangen Traumstrände. Eine fantastische Steilküste prägt die Strecke zwischen den aufgelassenen Bergbausiedlungen Nebida und Masua, vor der die 133 Meter hohe, weiße Kalkklippe, der **Pan di Zucchero** (Zuckerbrot), aus dem Meer ragt. Zum Baden laden die schönen **Sandstrände** bei **Fontanamare** und bei **Masua** (Cala Domestica).

Wunderbare Ausblicke auf die Küste genießt man von Panoramaweg (Belvedere) ab **Nebida**. Nach dem einstigen Erzhafen **Buggerru** öffnet sich die goldene **Bucht von Portixeddu** mit ihrem langen Sandstrand. Noch weitgehend unerschlossen ist die **Costa Verde**, die mit ihren bis zu 50 Meter hohen Sanddünen die größte Dünenlandschaft Italiens bildet.

Zwischen **Capo Pecora** und **Marina di Arbus** erstreckt sich die »italienische Sahara«, die der von Meer her wehende Wind geformt hat. Nur im unscheinbaren Marina di Arbus und bei **Ingurtosu** gibt es Zeichen von Zivilisation (Hotel Le Dune). Von dort führen dann nur noch Schotterpisten zum breiten Tal des Riu Piscinas, einer unberührten Strandlandschaft, wo Meeresschildkröten ihre Eier ablegen.

### Museo dell'Arte Mineraria
Via Roma 47, Iglesias
✆ 07 81 35 00 37, www.museoartemineraria.it
Juni Sa/So 18–20, Juli–Sept. Sa/So 18.30–20.30 Uhr, sonst nach Voranmeldung einen Tag vorher
Museum zur Geschichte des Bergbaus.

### Area Archeologica di Monte Sirai
Wenige Kilometer westl. von Carbonia
Di–So April–Okt. 10–13 und 15–19, Nov.–März 10–17 Uhr
Sammelticket für Ausgrabungen und Museum € 5/3, Führung € 1
Die Funde aus den Ausgrabungen sind in der **Villa Sulcis** in Carbonia, Via Napoli 4, ausgestellt.

Die Gruppe **Igea** veranstaltet **nach Voranmeldung** Führungen durch stillgelegte Minen. Besonders interessant ist das Bergwerk beim Hafen **Porto Flavia (Masua)** mit einer im Berg befindlichen Verladestation, die es erlaubte, die Schiffe direkt im Meer mit Mineralien zu beladen. Weitere Minen sind der beeindruckende Montevecchio-Komplex bei **Arbus**, die Galleria Anglosarda bei **Guspini** und die Galleria Henry bei **Buggerru**. Sie alle gehören zum **Parco Geominerario della Sardegna**, jenem Park, den die UNESCO 1997 zum »Kulturgut der gesamten Menschheit« ernannt hat.
Info: Igea Spa, ✆ 07 81 49 13 00, 348-154 95 56 (mobil), www.igeaspa.it

### Agriturismo Perda Niedda
Domusnovas, loc. Perda Niedda SS 89
✆ 07 81 713 26, 348-540 28 41 (mobil)
www.agriturismo-perdaniedda.com
Landwirtschaftlicher Betrieb in ehemaliger Bergarbeitersiedlung mit zehn kleinen Apartments. Im Restaurant werden sardische Gerichte serviert, wie die *cruguxionis* (mit Fleisch und Gemüse gefüllte Ravioli). Reitausflüge möglich. Ein Pluspunkt: der Pool unter freiem Himmel.

**Ausflugsziele:**

 **Grotta di Su Mannau**
Via Vittorio Emanuele 3, Fluminimaggiore
www.sumannau.it
Tägl. 9.30 bis Sonnenuntergang (max. bis 18.30 Uhr),
Nov.–Ostern geschl., Führung ca. 1 Std.
Eintritt € 10/6
Ein kleiner Grottensee ist der der Stolz der Tropfstein-
höhle von Su Mannau, nur wenige Kilometer südlich des
Tempio di Antas. Begehbar sind nur die ersten 800 m.

 **Museo del coltello sardo**
Via Roma 15, Arbus
℡ 070 975 92 20, www.museodelcoltello.it
Mo–Fr 9–12.30 und 15.30–19 Uhr
Das sardische Messermuseum gibt einen umfassenden
Einblick in dieses jahrhundertealte Handwerk. Neben
einer historischen Messersammlung und der Rekonstruk-
tion einer alten Schmiede ist auch das schwerste Messer
der Welt ausgestellt (295 kg schwer und 4,85 m lang).

 **Tempio di Antas (Fluminimaggiore)**
20 km nördl. von Iglesias
Juli–Sept. 9.30–19.30, Juni bis 18.30, April/Mai und Okt. bis
17.30, Nov.–März Di–So 9.30–16.30 Uhr, Eintritt € 4
Schon in nuraghischer Zeit muss der Ort an den Hängen
des Monte Conca'e s'Omu ein heiliger Ort gewesen sein.
Um 500 v. Chr. bauten die Punier in einsamer Lage einen imposanten Tempel, den die Römer später abrissen
und neu erbauten. Das ehemals dem Gott Sid geweihte
Heiligtum wurde nun nach dem Gott der Sarden (die In-
schrift lautet »Templ(um) De Sardi Patris Bab«) benannt.
Noch erhalten sind sechs Säulen und das punische Fun-
dament. ■

*Job für Vater und Söhne: Schafe melken*

## Sardinien in Zahlen und Fakten

**Lage und Größe:** Mit 24 090 km² ist Sardinien die zweit-größte Mittelmeerinsel. Die Nord-Süd-Ausdehnung beträgt 270 km, die Ost-West-Ausdehnung 145 km. Die Entfernung zum italienischen Festland beträgt 190 km, zum afrikanischen Festland 180 km und nach Korsika 12 km. Die Küste ist 1849 km lang.

**Profil:** Nur 14 % der Fläche sind Berge, 68 % Hügelland und 18 % Ebenen. Die höchsten Berge der Insel sind: Die Punta Lamarmora (1834 m), der Bruncu Spina (1829 m) und die Punta Corrasi (1463 m). Der längste Fluss ist der Tirso mit 150 km, er mündet bei Oristano ins Meer. Auf der Insel gibt es übrigens nur einen einzigen natürlichen Süßwassersee: Den Lago Baratz bei Alghero. Bei den anderen Seen handelt es sich um Stauseen, wie etwa den Lago Omodeo, den Lago del Coghinas und den Lago Flumendosa.

**Bevölkerung:** Rund 1,6 Mio. Menschen leben auf Sardinien, davon allein 150 000 in Cagliari. Die Bevölkerungsdichte liegt bei ca. 70 Einwohner/km² (im Vergleich Italien: ca. 200 Einwohner/km²).

**Politische Gliederung:** Sardinien ist eine autonome Region innerhalb Italiens und derzeit noch in acht Provinzen unterteilt. Hauptstadt ist Cagliari.

**Wirtschaft:** Die Region Sardinien hat noch immer eines der niedrigsten Pro-Kopf-Einkommen Italiens. Die Arbeitslosenquote liegt bei 15 %. Von der Landwirtschaft leben heute nur noch 8 % der Beschäftigten, 24 % von der Industrie und 68 % vom Dienstleistungssektor. Viel erhoffen sich die Sarden vom Ausbau des Tourismus, der sich allerdings bisher hauptsächlich auf die Monate Juli und August beschränkt.

## Anreise, Einreise

### Mit dem Auto

Um die Fährhäfen an der Tyrrhenischen Küste zu erreichen (s. u.), bieten sich zwei Routen an: durch Österreich (Autobahn-Vignette) über die (mautpflichtige) Brennerautobahn oder durch die Schweiz (Autobahn-Vignette) über den Gotthardtunnel oder über den Großen St. Bernhard. Auch die italienischen Autobahnen sind gebührenpflichtig (www.autostrade.it). Mit der bargeldlosen *Viacard* (beim ADAC, in Italien an der Grenze und an Raststätten erhältlich) erspart man sich die oft langen Wartezeiten an den Mautstellen.

### Mit der Bahn

Aus Deutschland, Österreich und der Schweiz gibt es keine Direktzüge. Autoreisezüge verkehren von Hildesheim, Hamburg, Düsseldorf nach Bozen, sowie von Hamburg, Düsseldorf und Neu-Isenburg nach Alessandria.

### Deutsche Bahn AutoZug

℡ 01806-99 66 33, www.dbautozug.de

### Mit der Fähre

Fährverbindungen nach Sardinien gibt es vom italienischen Festland ab Genua, La Spezia, Livorno, Piombino und dem römischen Hafen Civitavecchia. Außerdem verkehren Fähren nach Sardinien auch ab Neapel, Palermo, Trapani und Marseille oder Toulon (nur im Sommer). Genua ist der von Mitteleuropa aus am schnellsten erreichbare Abfahrtshafen. Dies macht sich allerdings auch in höheren Tarifen im Vergleich zum toskanischen Livorno oder Piombino bemerkbar. Während der italienischen Schulferien, speziell von Juli bis Mitte September ist eine Reservierung unerlässlich. Man kann über Reisebüros buchen oder direkt – online – bei den Fährgesellschaften:

**Turisarda**
Karlstr. 13, D-40880 Ratingen
✆ (021 02) 943 76-97
www.turisarda.de
Allrounder-Spezialist zu Sardinien. Vermittlung von Unterkünften, Fähren und Mietwagen.

**EneRmaR**
✆ (00 39) 010 546 91 01
www.enermar.it
Fährverbindungen von Genua–Palau und Palau–La Maddalena.

**Grandi Navi Veloci**
✆ (0039) 010 209 45 91
www.gnv.it
Fährverbindungen Genua–Porto Torres und Olbia.

**Grimaldi Lines**
www.grimaldi-lines.com
Deutsche Agentur: Armando Farina, s. u. Tirrenia
Fährverbindungen von Civitavecchia nach Porto Torres.

**Moby Lines Europe**
Wilhelmstr. 36–38, D-65183 Wiesbaden
✆ (06 11) 140 20
www.mobylines.de
Fährverbindungen von Genua, Livorno, Piombino oder Civitavecchia nach Olbia; von Genua nach Porto Torres; von Santa Teresa di Gallura nach Bonifacio (Korsika).

**Sardinia Ferries**
Deutsche Agentur: Corsica & Sardinia Ferries
Georgenstr. 38, D-80799 München
✆ 01805-00 04 83
www.corsica-ferries.de
Fährverbindungen von Livorno oder Civitavecchia nach Golfo Aranci; von Bonifacio (Korsika) nach Santa Teresa di Gallura.

**Tirrenia**
Deutsche Agentur: Armando Farina GmbH
Kapellenstr. 12
D-63917 Großheubach
✆ 09 371 669 37 36
www.tirrenia.it
Fährverbindungen von Genua nach Porto Torres, von Fiumicino nach Golfo Aranci oder Arbatax, von Genua und Civitavecchia nach Olbia und Arbatax (Katamaran), von Civitavecchia, Neapel, Palermo und Trapani nach Cagliari.

**Mit dem Flugzeug**
Sardinien verfügt über drei internationale Flughäfen – Olbia, Alghero und Cagliari – und wird ganzjährig angeflogen. Güns-

tige Flüge bieten **AirBerlin** (von von Deutschland, Österreich und der Schweiz nach Olbia und Cagliari, www.airberlin.com), **EasyJet** (von Deutschland und der Schweiz nach Cagliari und Olbia, www.easyjet.com), **InterSky** (von Friedrichshafen nach Olbia, www.intersky.biz) und **Ryanair** (von Deutschland nach Alghero und Cagliari, www.ryanair.com), **TUIfly** (von Deutschland, Österreich und der Schweiz nach Olbia und Cagliari, www.tuifly.com).

**Einreisebestimmungen**
Trotz offener Grenzen ist die Mitnahme eines Reisepasses oder gültigen Personalausweises vorgeschrieben, um sich bei stichprobenartig durchgeführten Überprüfungen ausweisen zu können. Kinder benötigen einen Kinderreisepass. Kinderausweise und Eintragungen im Pass eines Elternteils werden nicht anerkannt.

## Auskunft

Das Staatliche Italienische Fremdenverkehrsamt **ENIT** (Ente Nazionale Italiana per il Turismo, www.enit.it) hat in Deutschland, in der Schweiz und in Österreich je eine Niederlassung.

**In Deutschland:**
Barckhausstr. 10
D-60325 Frankfurt/Main
✆ (069) 23 74 34
www.enit.de

**In Österreich:**
Kärtner Ring 4, A-1010 Wien
✆ (01) 505 16 39
www.enit.at

**In der Schweiz:**
Uraniastr. 32, CH-8001 Zürich
✆ (043) 466 40 40
www.enit.ch

## Automiete, Autofahren

Neben dem verpflichtenden Führerschein und Fahrzeugschein empfiehlt es sich, die **Internationale Grüne Versicherungskarte** nach Sardinien mitzunehmen. Wer einen fremden Wagen fährt, benötigt eine Vollmacht des Fahrzeughalters.

Für Pkw, Motorräder und Wohnmobile gelten folgende **Tempolimits** innerorts 50, außerorts 90, auf Schnellstraßen 110 und auf Autobahnen 130 km/h. Wohnmobile über 3,4 Tonnen dürfen außerorts 80 und auf Autobahnen 100 km/h, Pkw mit Anhänger außerorts und auf Schnellstraßen max. 70 und auf Autobahnen 80 km/h fahren.

Tagsüber muss nicht nur auf Autobahnen, sondern auch auf allen Überlandstraßen mit **Abblendlicht** gefahren werden. Es besteht **Anschnallpflicht** und für Lenker und Mitfahrer von Zweiradfahrzeugen **Sturzhelmpflicht**. Die **Promillegrenze** liegt bei 0,5. **Telefonieren** am Steuer ist nur mit Freisprecheinrichtung erlaubt.

Wenn man auf einer Autobahn wegen einer Panne oder eines Unfalls das Auto verlässt, muss man eine reflektierende **Sicher-**

**heitsweste** tragen. **Tankstellen** sind mittags (12–16 Uhr) meist geschlossen.

Zahlreiche **Anbieter von Mietwagen** findet man an den Flughäfen, in den Städten und größeren Badeorten. Oft fährt man günstiger, wenn man den Wagen vor Reiseantritt im Heimatland bucht. Im Sommer sollten Sie frühzeitig reservieren.

**Avis** ✆ 01805-21 77 02, www.avis.de
**Hertz** ✆ 018 05-33 35 35, www.hertz.de
**Europcar** ✆ 0180-580 00, www.europcar.de
**Maggiore** ✆ (00 39) 06 22 45 60 60, Servicenummer innerhalb Italiens: ✆ 199 15 11 20, www.maggiore.it
**Sixt** ✆ 018 05-25 25 25., www.sixt.de

## Diplomatische Vertretungen

**Deutsches Honorarkonsulat**
Via Garzia 9, I-09126 Cagliari
✆ 070 30 72 29, cagliari@hk-diplo.de

**Österreichisches Konsulat**
Viale Liegi 32, I-00198 Rom
✆ 06 84 18 21 21, www.aussenministerium.at/rom

**Schweizer Honorarkonsulat**
Via XX. Settembre 16, I-09125 Cagliari
✆ 070 66 36 61, www.ambasciatasvizzera.it

## Einkaufen

Anders als auf dem italienischen Festland sind die traditionellen Lebensmittelmärkte auf Sardinien weniger verbreitet. Man kauft direkt beim Erzeuger, der seine frische und qualitativ hochwerti-

*Kitsch auf Kork: Souvenir aus Sardinien*

corino gefüllt und schließlich mit einem pochierten Ei bekrönt werden. Bei den Fleischgerichten dominieren Lamm, Zicklein und Spanferkel. Kein Festessen ohne *porceddu* – Spanferkel am Spieß verfeinert durch duftende Macchiakräuter.

An der Küste beherrschen naturgemäß Fisch und Krustentiere die Speisekarte. Zu den Spezialitäten gehört *bottarga di muggine* (vgl. S. 73), die in dünnen Scheiben als *antipasto* serviert oder über Nudelgerichte gerieben wird. Auch Muscheln, wie Venusmuscheln *(vongole)*, Miesmuscheln *(cozze)* – von den Muschelbänken im Golf von Olbia – oder Tintenfisch *(seppia)* werden meist gemeinsam mit Pastagerichten serviert. Ansonsten findet man auf den sardischen Fischmärkten vor allem Aal *(anguille)*, Goldbrasse *(orata)*, Seehecht *(spigola)*, Seezunge *(sogliola)*, Streifenbrasse *(mormora)*, Thunfisch *(tonno)*, Rotbarbe *(triglia)* und besonders in der Gegend von Alghero die ausgezeichneten, allerdings teuren Langusten *(aragosta)*.

Den Abschluss eines jeden Essens bildet ein Stück Käse, am besten zusammen mit einem Stück Birne, eine bei Hirten beliebte Kombination. Die Palette des sardischen Käses, der ausschließlich aus Schafs- oder Ziegenmilch hergestellt wird, reicht vom harten und würzigen *fiore sardo* über den beliebten *pecorino sardo* bis hin zum weichen und milden *dolce sardo*. Leckermäuler werden sich schließlich eine *sebada* (s. o.) oder ein Stück *torrone*, eine Art türkischer Honig, nicht versagen.

Als **Digestif** bietet sich ein *Mirto* an, ein Likör aus Myrtenbeeren, oder der hochprozentige sardische Grappa *Filu 'e ferru*. Der Name *Filu 'e Ferru* (Eisendraht) rührt aus der Zeit des Destillierverbots, als die Hirten die Flaschen unter der Erde versteckten und die Stelle mit einem Stück Draht markierten.

Ein eigenes Kapitel gebührt den sardischen **Weinen**. Mit einer Jahresproduktion von knapp 490 000 Hektolitern, wovon ein Drittel auf Weißweine entfallen, und einer Anbaufläche von 28 000 Hektar zählt Sardinien eher zu den kleineren Weinanbaugebieten. Noch bis vor wenigen Jahrzehnten dienten sie hauptsächlich als Verschnittweine, um den leichten Weinen aus Norditalien mehr Fülle und einen höheren Alkoholgehalt zu verleihen. Doch der Weinanbau und die Weinerzeugung haben auf Sardinien in den letzten Jahrzehnten eine enorme Wandlung durchgemacht. Inzwischen hat Sardinien auch einen Platz unter den europäischen Qualitätsweinen. Über 30 Prozent der erzeugten Weine haben bereits die DOC-Bezeichnung erhalten, anderen steht diese Klassifizierung noch bevor. Dabei kommen über 80 Prozent der erzeugten Weine aus Genossenschaften.

Die wichtigsten Rebsorten sind meist spanischen Ursprungs, wie die Cannonau-Rebe, die in Spanien Garnacha und in Frankreich Grenache heißt, oder die rote Carignano-Rebe. Die klassischen Anbaugebiete der Cannonau-Rebe liegen rund um Dorgali, Jerzu und Oliena. Cannonau-Weine sind sehr fruchtig und körperreich und weisen einen Alkoholgehalt zwischen 13 und 15 Prozent Vol. auf.

*Reifer sardischer Pecorino*

Der granatrote Carignano-Wein hingegen kommt aus dem Südwesten der Insel (z. B. Terre Brune). Interessant sind auch die Weine aus der einheimischen Monica-Traube, die jung getrunken besonders gut schmecken. Zu den besten Weißweinen zählt der Vermentino di Gallura, der als einziger sardischer Wein die DOCG-Bezeichnung trägt. Er stammt aus der Provinz Gallura im Norden der Insel.

Die weiße Nuragus-Traube, die um Cagliari angebaut wird, soll schon von den Phöniziern eingeführt worden sein. Beachtung verdienen auch die beiden sherryähnlichen Dessertweine Malvasia di Bosa und der Vernaccia di Oristano. Nicht entgehen lassen sollten sich Weinliebhaber den Besuch im Weinmuseum von Berchidda (vgl. S. 21), in einer *cantina sociale* (z. B. in Oliena oder um Tempio Pausania) oder in einer Weinkellerei, z. B. bei Sella & Mosca (vgl. S. 31).

### Feiertage, Feste, Veranstaltungen

**Gesetzliche Feiertage**
**1. Januar** *(Capodanno):* Neujahr
**6. Januar** *(Epifania):* Heilige Drei Könige und *Befana* (In der Nacht vom 5. auf den 6. Januar fliegt die *Befana,* eine freundliche Hexe, auf ihrem Besen von Haus zu Haus und beschenkt die Kinder. »Böse« Kinder finden auch manch »Kohlestückchen« aus Zucker.)
**Ostersonntag** *(Domenica di Pasqua)*
**Ostermontag** *(Pasquetta:* Klassischer Ausflugstag, an dem die Sarden mit Freunden oder Familie rausfahren und anschließend picknicken oder essen gehen.
**25. April** *(Anniversario della Liberazione):* Nationalfeiertag, Tag der Befreiung von der deutschen Besatzung
**1. Mai** *(Festa del Lavoro):* Tag der Arbeit
**2. Juni** *(Festa della Repubblica):* Jahrestag der Gründung der Republik
**15. August** *(Ferragosto/Assunzione SS. Vergine):* Mariä Himmelfahrt.
**1. November** *(Ognissanti):* Allerheiligen
**8. Dezember** *(Immacolata Concezione):* Mariä Empfängnis
**25. Dezember** und **26. Dezember** *(Natale):* Weihnachten
Zu den offiziellen Feiertagen kommen traditionelle sardische Feste meist mit aufwändigen Trachtenprozessionen, Heiligen- und Patronatsfeste und die *sagre,* die einem landwirtschaftlichen Produkt gewidmet sind.

**Gut zu wissen**
Der Verzehr von Speisen und Getränken in einer Bar oder einem Café kostet in der Regel an der Theke *(al banco)* weniger, als wenn man am Tisch *(al tavolo)* sitzt und bedient wird. Im Restaurant ist es üblich zu warten, bis man vom Kellner einen Tisch zugewiesen bekommt. Es ist nicht üblich, nur Antipasti oder einen Salat zu essen oder nach dem Essen noch eine Flasche Wein zu bestellen und stundenlang weiter zu trinken.

Die Rechnung wird in der Regel für den gesamten Tisch ausgestellt und von einem Gast beglichen. Anschließend wird der Betrag unter der Tischgesellschaft geteilt. In manchen Lokalen wird noch ein *pane e coperto* (Brot und Gedeck) erhoben.

### Eine Auswahl der wichtigsten Feste:

### Januar
Fest zu Ehren des heiligen Antonio Abate am Vorabend des 16. Januar. Auf ganz Sardinien werden gewaltige Freudenfeuer entzündet. Die Feierlichkeiten leiten offiziell die Karnevalszeit ein.

### Februar
**Karneval:** Auf ganz Sardinien finden Karnevalsveranstaltungen statt. Bekannt ist die *Sartiglia* in **Oristano** (So/Di), ein Reiterwettspiel spanischen Ursprungs, bei dem die Reiter in Galopp versuchen müssen, mit ihren Lanzen einen sternförmigen Ring aufzuspießen, was als gutes Zeichen für die nächste Ernte gilt. Den ursprünglichen Charakter des sardischen Karnevals erlebt man bei den Umzügen in den Bergorten der Barbagia wie **Ottana** und **Mamoiada** bei Nuoro, wo unter Schafsglockengeläut die mit zotteligen Fellen und Furcht einflößenden Masken verkleideten *Mamuthones* und die Lasso schwingenden *Issokadores* durch die Menge laufen.

### März/April
*Settimana Santa* **(Ostern):** Auf Sardinien gilt Ostern mitsamt der Karwoche als eines der wichtigsten Feste des Jahres. Besonders eindrucksvoll sind die Mysterienprozessionen in **Alghero** (die Karfreitagsprozession mit feierlicher Kreuzabnahme) und in **Castelsardo** (nächtlicher Fackelumzug mit sardischen Chorgesängen).

### Mai
*Sagra di Sant'Efiso* in Cagliari/Pula (1.–4. Mai): Mehrtägige, prunkvolle Prozession zu Ehren des Inselpatrons. Tausende Teilnehmer aus ganz Sardinien ziehen in traditionellen Trachten mit geschmückten Ochsenkarren durch die Stadt, um das Standbild des heiligen Efisio ins 30 km entfernte Pula zu begleiten.
*Cavalcata sarda* in Sassari (vorletzter So im Monat): Einer der größten Trachtenumzüge, mit traditionellen Kostümen, ge-

*Heiße Julitage: Pferderennen in Sédilo am Lago Omodeo*

schmückten Karren und Pferden. Reiterwettbewerbe, Tänze, Gesänge und traditionelle sardische Musik.

**Juli**
*S'Ardia in Sedilo* (6./7. Juli): Spannendes Pferdewettrennen am **Lago Omodeo**, bei dem die in traditionellen Trachten gekleideten Reiter auf einer holprigen Rennstrecke und in waghalsigem Tempo um die Kirche San Costantino versuchen müssen, die Anführer des Rennens zu überholen.

**August**
*Festa dei Candelieri* in Sassari (14. Aug.): Die in Trachten gekleideten Mitglieder der Handwerker- und Arbeiterzünfte tragen anlässlich eines Pestgelübdes neun riesige Kerzen (ca. 400 kg schwer) aus Holz und Pappe auf ihren Schultern durch die Stadt. *Sagra del Redentore* (Erlöserfest) in Nuoro (Ende Aug.): Prozession auf den Hausberg Monte Ortobene. Abends aufwendige Trachtenschau mit Tänzen und Musikdarbietungen.

**September**
*Corsa degli Scalzi* in Cabras (1. So im Sept.): Zur Erinnerung an die Errettung einer Erlöserstatue vor den einfallenden Sarazenen trägt eine Gruppe junger Männer in Cabras im Morgengrauen barfuß die Heiligenstatue in die 6 km entfernte Kirche San Salvatore auf der Sinis-Halbinsel. Im Anschluss mehrtägige Feierlichkeiten und Gelage.

**Oktober**
*Sagra delle Castagne* in Aritzo (letzter So im Okt.): Fest der Kastanien- und Haselnussernte. Tanz- und Musikwettbewerbe und lokale Spezialitäten.

## Geld, Kreditkarten

Bargeld am Automaten gibt es per EC- oder Maestro-Karte. Kreditkarten werden in größeren Geschäften sowie auch in besseren Restaurants und Hotels akzeptiert. **Banken** haben normalerweise Mo–Fr 8.30–13/13.30 und 14.30/15–16/17 Uhr geöffnet.

## Hinweise für Menschen mit Behinderungen

Barrierefrei Reisen ist in Sardinien wie im übrigen Italien nach wie vor eine große Herausforderung, wobei sich in den letzten Jahren doch einiges bewegt hat.

Informationen über behindertengerechte Hotels, Verkehrsmittel, Strandzugänge etc. findet man auf der Internetseite www. sardegnaturismo.it unter dem Stichwort Service oder bei ENIT (vgl. S. 70).

## Internet

WLAN wird in Sardinien immer beliebter, nicht nur in Spitzenhotels, sondern auch in vielen kleinen Häusern. In allen größeren Städten und in den Küstenorten findet man Internetcafés. Wegen der Anti-Terror-Gesetze muss man seinen Ausweis vorzeigen.

**Informationen im Internet:**

www.sardegnaturismo.it (auch dt.) – gute Seite der Region Sardinien mit Tipps zu Anreise, Sehenswürdigkeiten und Routen sowie einen aktuellen Veranstaltungskalender

www.sardinien.com (dt.) – in diesem gut gemachten, virtuellen Reisemagazin findet man zu den verschiedensten Themen interessante und aktuelle Informationen, auch Vermittlung von Unterkünften und Fährbuchung

www.sardegna.com – neben Infos zu Kunst, Kultur und Festen vor allem Vermittlung von Unterkünften

www.sardegna.net – Vermittlung von Hotelzimmern, Ferienwohnungen und B&B sowie von Fahrzeugen aller Art. Gute Infos auch zu Wassersportmöglichkeiten.

## Klima, Kleidung, Reisezeit

Das späte Frühjahr und der frühere Herbst sind die besten Reisezeiten für die Erkundung der Insel. Die Temperaturen sind angenehm warm und locken tagsüber zu ausgedehnten Sightseeing- und Wandertouren, während die Nächte besonders im Herbst lau genug sind, um unter freiem Himmel zu speisen, Strandspaziergänge zu unternehmen oder durch die Stadt zu streifen. Wer Sardinien in voller Blütenpracht erleben möchte, sollte im Mai anreisen, wenn die Macchia sich in den schönsten Farben zeigt.

Die Badesaison reicht von Ende Juni bis September. Die meisten Urlauber kommen jedoch im Hochsommer, vor allem im August, wenn das Thermometer schon mal auf 40 °C klettert. Dann ist Sardinien laut, voll und ausgebucht und für Hitzeempfindliche nicht zu empfehlen.

Der Winter dagegen ist regnerisch und kalt, auch wenn selten Temperaturen unter 0 °C verzeichnet werden. Schnee fällt nur auf die Gipfel des knapp 2000 Meter hohen Gennargentu. Wer dennoch im Winter reisen möchte, um ein tourismusfreies Sardinien zu erleben, sollte möglichst im Februar kommen, der auch schon mal mit frühlingshaften Temperaturen und sonnigen Tagen überraschen kann.

## Medizinische Versorgung

Zwischen Juni und September können sich Urlauber an die *Guardia medica turistica* wenden, die es in allen größeren Ferienorten gibt. Nützlich ist die Mitnahme der Europäischen Krankenversichertenkarte (EHIC). Sie ersetzt den bisher bei Krankheitsfällen im Ausland üblichen Auslandskrankenschein, z. B. das Formular E-111, und ermöglicht den Versicherten so eine unbürokratische medizinische Behandlung im europäischen Ausland. Trotzdem muss man den Arzt oft sofort bar bezahlen. Dann sollte man sich eine spezifizierte Rechnung geben lassen, damit man das Geld später von seiner Krankenversicherung wiederbekommt.

Es empfiehlt sich jedoch eine private Reise- oder Auslandskrankenversicherung abzuschließen, die man schon sehr preiswert bekommt und die auch eventuell entstehende Rücktransportkosten übernimmt.

Besonders in den Sommermonaten sollte man Mückenmittel und/oder Moskitonetze mitnehmen.

## Mit Kindern auf Sardinien

Sardinien ist ein ideales Reiseziel für Familien. Wie bei den meisten Südländern, sind auch auf Sardinien Kinder gern gesehene und voll akzeptierte Gäste. Die meisten Hotels und Restaurants haben zwar keine separaten Wickelräume und Kinderstühle mit Sicherheitssiegel, was aber an Ausstattung fehlt, wird durch Improvisation und den wohltuend unkomplizierten Umgang mit Kindern mehr als wett gemacht. Wundern Sie sich nicht, wenn um Mitternacht italienische Kinder noch immer quietschfidel herumspringen. Besonders im Sommer halten sie in der heißen Mittagszeit ein Schläfchen und können so abends länger aufbleiben. Eine gute Gewohnheit, denn in der heißen Mittagszeit sollte man wegen der UV-Strahlung die Sonne sowieso meiden.

Mit der Sonne sollte man es vor allem bei Kindern nicht übertreiben: Sonnencreme mit hohem Lichtschutzfaktor und Mützchen gehören immer in die Badetasche. Dem Strandvergnügen steht dann nichts mehr im Weg.

Im Sommer locken vor allem die flach auslaufenden **Sandstrände an der Ost- und Südküste**, an denen die *bambini* Muscheln suchen, planschen und buddeln können. Besonders kinderfreundlich sind die in einer schützenden Dünenlandschaft eingebetteten Strände an der nördlichen Ostküste bei San Teodoro, Budoni, Posada, Berchida, Capo Comino und im naturgeschützten Golf von Orosei.

Kleine Wasserratten vergnügen sich auch an den flachen Buchten zwischen Santa Maria Navarrese und Bari Sardo, an der Costa Rei zwischen Muravera und Villasimius sowie am Strand von Chia an der Costa del Sud. Sehr beliebt ist auch die Costa Verde im Südwesten mit ihren kilometerlangen Sanddünen und die Strände nördlich von Alghero. Gut geschützt liegen die Buchten im Nordosten zwischen Santa Teresa di Gallura und der Costa Smeralda.

Doch schöne Ausflugsziele findet man nicht nur an der Küste. Wie wäre es …
– mit einem Ausflug zur Hochebene **Giara di Gesturi**, wo man nach einem halb- bis einstündigen Spaziergang auf Herden frei lebender Wildpferde stoßen kann?
– mit einer Bummelfahrt mit der sardischen ❽ **Schmalspurbahn Trenino Verde** durch die wildromantische Barbagia von Arbatax bis Mandas (tägl. außer Di von Mitte Juni–Sept., 160 km, ca. 5 Std.). Info auf Sardinien: ℂ 800-46 02 20 oder 070 58 02 46, www.treninoverde.com.
– mit einem Ausflug zum windzerzausten **Capo Testa** in Santa Teresa di Gallura, wo man eine Kletterpartie auf die vom Meer ausgewaschenen Granitfelsen unternehmen kann, deren skurrile Felsformationen wie versteinerte Tiere oder Menschen aussehen?
– mit der Erkundung einer Tropfsteinhöhle, z. B. der **Grotta di Nettuno** mit Höhlensee bei Alghero, der **Grotta di Ispingoli** bei Dorgali, der **Grotta Su Mannau** im Iglesiente, der **Grotta su Marmuri** bei Ulassai (Ogliastra), der **Grotta del Bue Marino** bei Orosei oder der **Grotta Is Zuddas** bei Santadi?
– mit einer **Bootsfahrt** im windgeschützten **Golf von Orosei** zu wunderschönen Stränden, die man sonst nur nach stundenlangen Fußmärschen erreicht?
– mit dem Besuch eines *Agriturismo*, wo man nicht nur köstlicher sardischer Küche frönt, sondern vielleicht auch einen Reitausflug

### Sicherheit

Lassen Sie sich nicht von aufgewärmten Banditengeschichten beeindrucken! Auf Sardinien gelten die üblichen Sicherheitsregeln: Keine Wertsachen oder persönlichen Dokumente sichtbar im Auto oder unbewacht am Strand liegen lassen.

### Sport und Erholung

Für sportliche Aktivitäten gibt es auf Sardinien ein kaum auszuschöpfendes Angebot. Neben jeglicher Form von Wassersport bieten sich dank seiner abwechslungsreichen Landschaft auch Golf, Klettern, Mountainbiking, Reiten und Trekking an.

#### Baden

Die schönsten Strände sind unter den jeweiligen Orten angegeben. Nacktbaden (FKK) ist in Italien nicht verboten. Das Bräunen oben ohne wird fast überall geduldet. Dennoch sollte man auf die örtlichen Gepflogenheiten Rücksicht nehmen.

#### Golf

Es gibt drei landschaftlich sehr schön gelegene 18-Loch-Golfplätze mit sattgrünem Rasen: den exklusiven **Pevero Golf Club** (www.golfclubpevero.it) in Porto Cervo an der Costa Smeralda, **Is Molas** (www.ismolas.it) an der Südküste bei Santa Margherita di Pula mit Blick auf die archäologischen Ausgrabungen und **Is Arenas Golf Resort** (www.isarenas.it) mitten in der Dünenlandschaft der Sinis-Halbinsel bei Oristano.

#### Klettern/Freeclimbing

Sardinien ist ein Freeclimber-Paradies (Infos: www.sardiniaclimb.com). Klettersteige verschiedener Schwierigkeitsgrade ziehen im Frühjahr und Herbst Kletterer aus ganz Europa an. Schöne Klettergebiete findet man an den Tacchi von **Jerzu**, in den Buchten

*Orgosolo – eine Oase des Friedens?*

von **Baunei** und **Dorgali**, im Supramonte am **Monte Maccione**, im Bergbaugebiet von **Masua** und am **Capo Caccia**.

## Mountainbiking

Je nach Kraft und und Ausdauer gibt es Touren in allen Schwierigkeitsgraden (Toureninfo: www.esplorasardegna.com). Von den steilen und kurvigen Bergstrecken im **Gennargentu** und im **Iglesiente/Sulcis** bis hin zu den leichten Routen auf der **Sinis-Halbinsel**, in der **Campidano-Ebene**, längs der **Ogliastra-Küste** oder um **Alghero**. Fahrräder können in den meisten Zügen und Bussen mitgenommen werden. Wegen der großen Hitze ist von Radtouren im Juli und August abzuraten.

## Reiten

Reiten hat auf Sardinien Tradition. Die besten Reiter Italiens, die z. B. das Rennen beim Palio in Siena bestreiten, sind Sarden. Zahlreiche Reitställe und Hotels bieten geführte Ausritte an. Die Palette reicht von Tagesexkursionen am einsamen Strand, durch Korkeichenwälder und Schluchten bis hin zu mehrtägigen Touren in den Bergen.

## Trekking/Wandern

Die schönsten Wandergebiete liegen im **Limbara-Gebirge** im Norden, im **Gennargentu-Gebirge** und im **Supramonte**, doch Vorsicht: Die meisten Wege sind kaum oder nur unzureichend markiert (Infos zu Touren: www.camminasardegna.it). Daher immer Kompass, Kartenmaterial/Wanderführer und ausreichend Wasser mitnehmen. Am sichersten fährt man, wenn man sich einer geführten Tour anschließt. Neben zahlreichen Kooperativen bieten die drei sardischen Sektionen des Club Alpino Italiano ganzjährig Touren an. Info in Nuoro: Via Campania 22, 08100 Nuoro, ℗ 07 84 349 26, www.cainuoro.it, in Cagliari: ℗ 07 06 678 77, www.caicagliari.it

## Wassersport

Im Meer ist **Angeln** erlaubt, allerdings dürfen nicht mehr als fünf Kilogramm gefischt werden. Für Binnengewässer benötigt man eine Angelerlaubnis. Unter **Surfern** schon längst kein Geheimnis mehr ist die wind- und wellenverwöhnten Küsten Sardiniens. Das Mekka der Wavefreunde sind die Nord- und Westküste in der Gallura mit den Surfspots Vignola, Capo Caccia, Porto Liscia und Porto Pollo, auch Porto Puddu genannt, Szene-Treff der Surfer und Kiter. Beliebte Surfspots liegen auch am Capo Mannu und in Putzu Idu an der Westküste. Anfänger bevorzugen die ruhigeren Strände von Arbatax, Chia und Torre Carbonara bei Villasimius an der Ost- und Südküste.

Auch **Seglern** bietet Sardinien dank seiner zahlreichen und gut ausgestatteten Sportboothäfen eine gute Infrastruktur. Zu den schönsten Segelrevieren des Mittelmeeres zählen die stark umwindete Gallura-Küste sowie die Costa Smeralda und die Inseln der Nationalparks La Maddalena und Asinara. In den meisten Häfen kann man Boote chartern.

Die Gewässer Sardiniens sind auch für **Taucher** und Schnorchler ein lohnendes Ziel. Die schönsten Tauchgründe liegen an der Südküste zwischen Teulada und Villasimius, wo man auch auf Wracks antiker Schiffe stößt, um die Isola S. Pietro, auf der Sinis-Halbinsel, um Capo Caccia und Capo Testa in Norden, am La-Maddalena-Archipel und der Asinara-Insel, um die Insel Tavolara und im Golfo von Orosei.

Eine Liste der zahlreichen Tauchschulen findet man unter www.diveitaly.com. Eine andere Art das Meer zu erleben bietet sich in Stintino, Villasimius, Pula und Carloforte, wo Ausfahrten mit Fischern angeboten werden.

## Strom

Sardinien hat wie das übrige Italien eine Spannung von 220 Volt (Flachstecker). Die Mitnahme eines Adapters ist zu empfehlen.

## Telefonieren

Die meisten Telefone sind nur mit **Telefonkarten** (*scheda telefonica*, perforierte Ecke abreißen!) zu benutzen, die in Tabakläden, an Kiosken und manchen Bars verkauft werden.

Eine Alternative sind die internationalen Telefonkarten *(scheda telefonica internazionale)* mit denen man deutlich günstiger telefonieren kann. Man führt sie jedoch nicht ins Telefon ein, sondern wählt von einem beliebigen Apparat die auf der Karte vermerkte Nummer. Danach gibt man die Geheimnummer ein, die ebenfalls auf der Karte steht, und kann erst dann die Teilnehmernummer wählen.

Die Benutzung handelsüblicher GSM-**Mobiltelefone** ist in Italien unproblematisch. Um die Kosten gering zu halten, empfiehlt es sich, eine italienische Prepaid-Karte von Mobilanbietern wie Tim, Vodafone, Wind oder dem sardischen Tiscali zu kaufen.

**R-Gespräche** kann man von jedem öffentlichen Fernsprecher aus führen. Wählen Sie für Deutschland ✆ 800-724 90 oder 00800-33 00 49 00. Es meldet sich die Deutsche Telekom.

Wer nach Italien telefonieren möchte, wählt als **Vorwahl** + 39, dann die Teilnehmernummer einschließlich der 0 von der Ortsnetzkennzahl. Die Ortsnetzkennzahl einschließlich der 0 muss auch innerhalb der gleichen Stadt immer mit gewählt werden. Vorwahlnummern von Italien nach Deutschland + 49, nach Österreich + 43, in die Schweiz + 41.

## Trinkgeld

Im Restaurant ist in der Regel der Service mit 15 Prozent im Preis enthalten. Dennoch ist es üblich, fünf bis zehn Prozent des Rechnungsbetrags als Trinkgeld auf dem Tisch zurückzulassen, wenn man zufrieden war.

## Unterkunft

Das Angebot an Übernachtungsmöglichkeiten ist groß. Die meisten Unterkünfte sind allerdings nur von Ostern/Juni bis Oktober geöffnet, nur wenige ganzjährig. Unterkunftsverzeichnisse sind über die ENIT (vgl. S. 70) oder in den Fremdenverkehrsbüros der jeweiligen Orte erhältlich. Die meisten Hotels und Campingplätze liegen an der Küste. Im Landesinneren kann man auf *agriturismi* ausweichen und gleichzeitig in den sardischen Alltag (und in die meist köstliche Küche) eintauchen.

Eine Alternative sind besonders in den Städten auch die immer zahlreicher werdenden **Bed & Breakfast-Unterkünfte**. Ferienwohnungen bieten eine relativ preiswerte Unterkunftsmöglichkeit. Ein dichtes Angebot findet man vor allem an der Nord- und Ostküste. Daneben gibt es auch zwölf **Jugendherbergen** (www.sardegnaturismo.it). Das wilde **Campen** oder freie Übernachten in Wohnmobilen ist verboten.

In der Hochsaison (Juli/August) sollte man unbedingt vorausbuchen, am besten schon im Winter. Zu beachten ist das erhebliche Preisgefälle zwischen der relativ teuren Nordküste und der Costa Smeralda und dem restlichen Sardinien. Besonders hoch – auch im Vergleich zum übrigen Italien – ist das Preisniveau in der Hochsaison.

## Verkehrsmittel

### Bahn

Die Bahn kann als Fortbewegungsmittel nur eingeschränkt empfohlen werden, da sie die Küstenorte nur unzureichend abdeckt. Die Hauptlinie der staatlichen Eisenbahn führt in gemächlichem Tempo von Porto Torres bzw. Golfo Aranci/Olbia mitten durchs Landesinnere über Macomer und Oristano nach Cagliari bzw. Iglesias/Carbonia (www.trenitalia.com). Landschaftlich reizvoll sind einige Schmalspurstrecken (www.ferroviesardegna.it) und auch die touristischen Sonderzüge des Trenino Verde (vgl. S. 79).

### Bus

Sardinien verfügt über ein dichtes Busnetz. Auch die kleinsten Orte sind mit dem Bus gut und preiswert zu erreichen. Busbahnhöfe liegen zudem, anders als Zugbahnhöfe, immer zentral. Die Abfahrtszeiten erfragen Sie am besten in Bars und Hotels. Die einzige Busgesellschaft, die ganz Sardinien abdeckt, ist ARST (kostenlose inneritalienische Servicenummer ☎ 800-86 50 42 oder ☎ 070 409 83 24, www.arst.sardegna.it).

## Zeitzone

Auf Sardinien gilt die mitteleuropäische Zeit (MEZ), inklusive Sommer- und Winterzeit.

## Zoll

Für Deutsche und Österreicher gelten die Zollbestimmungen der EU, d. h. Waren für den persönlichen Gebrauch unterliegen keinerlei Beschränkungen. Für Eidgenossen gelten jedoch in Bezug auf Zigaretten, Spirituosen oder Parfüms die bekannten Höchstmengen. ■

*Floh- und Antiquitätenmarkt in Cagliari*

# Die wichtigsten Wörter für unterwegs

Italienisch wird auf Sardinien erst seit dem 18. Jahrhundert gesprochen. Bis dahin war Katalanisch bzw. Kastilisch die Amtssprache. Die Sprache der Sarden ist jedoch das Sardische, eine romanische Sprache, die viele Elemente aus dem Lateinischen bewahrt hat. Seit 1999 ist das Sardische offiziell dem Italienischen gleichgestellt und als Amts- und Schulsprache zugelassen.

Zwei weitere linguistische Minderheiten haben sich erhalten: Auf den beiden Inseln im Südwesten Sardiniens (v. a. Carloforte) wird ein ligurischer Dialekt und in Alghero wird ein katalanischer Dialekt gesprochen.

*Buon giorno!* Wer kennt diese Begrüßung nicht? Sie wird in Italien bis 12 Uhr mittags verwendet, danach sagt man schon *buona sera*. Beides sind sehr höfliche Ausdrücke, sie werden überall da benutzt, wo gesiezt wird. *Ciao* ist Begrüßung ebenso wie Verabschiedung, wird aber nur verwendet, wenn man sich nahe steht. Wenn Sie ein öffentliches Lokal oder Büro verlassen, sagen Sie besser *arrivederci* oder *buon giorno* bzw. *buona sera*. *Buona notte* sagt man dann, wenn man sich verabschiedet, um ins Bett zu gehen.

Die Italiener sind in der Regel sehr hilfsbereit, freuen sich über ausländische Besucher und fragen neugierig nach deren Herkunft und dem Grund des Besuches. Keine Panik, wenn Sie befürchten, zwar eine Frage stellen zu können, die Antwort aber nicht verstehen – Italiener haben eine sehr ausgeprägte Körpersprache. Im Übrigen wissen Sie ja: *Sì* heißt ja, *no* nein. Und vergessen Sie nicht, sich zu bedanken – *grazie!*

## Alltag/Umgangsformen

| | |
|---|---|
| Buon giorno! | Guten Tag! |
| Buona sera! | Guten Abend! |
| Buona notte! | Gute Nacht! |
| Ciao! | Hallo! |
| Come stai? | Wie geht es dir? |
| Come sta? | Wie geht es Ihnen? |
| Arrivederci! | Auf Wiedersehen! |
| Buon viaggio! | Gute Reise! |
| Ciao! | Tschüss! |
| A presto! | Bis bald! |
| A domani! | Bis morgen! |
| Molto piacere di averti conosciuto. | Schön, dich kennen gelernt zu haben. |
| sì/ no/ forse | ja/ nein/ vielleicht |
| Mi chiamo … | Ich heiße … |
| Come ti chiami? | Wie heißt du? |
| Come si chiama? | Wie heißen Sie? |
| Scusi! | Entschuldigen Sie! |
| Grazie mille! | Vielen Dank! |
| Prego! | Bitte schön/Keine Ursache! |

Übrigens: In Italien gibt es zwei Ausdrücke für »bitte«: *per favore* und *prego*. Bitten Sie jemanden um eine Gefälligkeit, verwenden Sie *per favore*. Ansonsten heißt es *prego*.

Falls Sie nicht alles verstehen (zugegeben: die Italiener sprechen ganz schön schnell), können Sie sagen: *Non ho capito. Per favore, parli più lentamente.* Wenn auch das nichts hilft, bleibt noch die Möglichkeit, sich das Gesagte aufschreiben zu lassen: *Me lo scriva, per favore.*

## Autofahren

Sollten Sie mit dem Auto unterwegs sein, können Sie die folgenden Vokabeln sicher gut gebrauchen, an jeder Tankstelle und im alltäglichen Straßenverkehr. Und falls Sie mal eine Werkstatt nötig haben …

### Was auf Straßenschildern steht

| | |
|---|---|
| lavori in corso | Bauarbeiten |
| deviazione | Umleitung |
| pedaggio autostradale | Autobahngebühr |
| strada senza uscita | Sackgasse |
| senso unico | Einbahnstraße |
| il divieto di parcheggio | Parkverbot |
| zona disco | Parken mit Parkscheibe |
| attenzione uscita veicoli | Vorsicht Ausfahrt |
| tornante | Kurve |

### Rund ums Auto

|  |  |
|---|---|
| *La mia macchina è stata forzata.* | Mein Auto ist aufgebrochen worden. |
| *Mi hanno rubato …* | Man hat mir … gestohlen |
| *Mi dia il Suo nome e il Suo indirizzo/ il nome della Sua assicurazione, per favore.* | Geben Sie mir bitte Ihren Namen und Ihre Anschrift/ Ihre Versicherung an. |
| *Mi occorre una copia della denuncia per la mia assicurazione.* | Ich brauche eine Kopie der Anzeige für meine Versicherung. |
| *Non è colpa mia.* | Es ist nicht meine Schuld. |
| *Lei andava troppo forte.* | Sie sind zu schnell gefahren. |
| *la patente* | Führerschein |
| *I Suoi documenti, per favore.* | Ihre Papiere, bitte. |
| *Lei non ha rispettato la precedenza.* | Sie haben die Vorfahrt nicht beachtet. |
| *Lei non ha mantenuto la distanza di sicurezza.* | Sie sind zu dicht aufgefahren. |
| *Andavo a … chilometri all'ora.* | Ich bin … km/h gefahren. |
| *l'autostrada* | Autobahn |
| *l'incrocio* | Kreuzung |
| *il semaforo* | Ampel |
| *il parcheggio* | Parkplatz |
| *il parchimetro* | Parkuhr |
| *il distributore automatico di biglietti per il parcheggio* | Parkscheinautomat |
| *Posso parcheggiare qui?* | Kann ich hier parken? |
| *la cintura di sicurezza* | Sicherheitsgurt |
| *il distributore* | Tankstelle |
| *la benzina* | Benzin |
| *senza piombo* | bleifrei |
| *il gasolio* | Diesel |
| *Il pieno, per favore.* | Volltanken, bitte. |
| *Per favore, controlli la pressione delle gomme.* | Prüfen Sie bitte den Reifendruck. |
| *andare* | fahren |
| *sorpassare* | überholen |
| *voltare* | wenden |
| *a destra/a sinistra/ sempre diritto* | rechts/links/geradeaus |
| *attraversare* | überqueren |
| *l'ammenda* | Bußgeld |
| *la pianta della città* | Stadtplan |
| *la sicurezza* | Sicherheit |
| *l'ingorgo* | Stau |

### *In officina* — In der Werkstatt

|  |  |
|---|---|
| *Ho avuto un incidente.* | Ich habe einen Unfall gehabt. |
| *Ho un guasto.* | Ich habe eine Panne. |
| *Ho una gomma a terra.* | Ich habe einen Platten. |
| *La macchina non parte.* | Mein Wagen springt nicht an. |
| *La batteria è scarica.* | Die Batterie ist leer. |
| *I freni non sono a posto.* | Die Bremsen funktionieren nicht. |
| *l'officina* | Werkstatt |
| *l'olio del motore* | Motoröl |
| *il cambio dell'olio* | Ölwechsel |
| *il motore* | Motor |
| *il cambio* | Getriebe |
| *la candela* | Zündkerze |
| *il parafango* | Kotflügel |
| *il carburatore* | Vergaser |
| *la freccia* | Blinker |
| *la ruota* | Reifen |
| *il motorino d'avviamento* | Anlasser |
| *il tergicristallo* | Scheibenwischer |
| *il parabrezza* | Windschutzscheibe |
| *il faro* | Scheinwerfer |
| *il radiatore* | Kühler |

### Einkaufen

|  |  |
|---|---|
| *Quanto costa?* | Wieviel kostet das? |
| *i soldi* | Geld |
| *la cassa* | Kasse |
| *spendere* | ausgeben |
| *pagare* | bezahlen |
| *l'offerta speciale* | Sonderangebot |
| *vendere* | verkaufen |
| *la vetrina* | Schaufenster |
| *Un po' di meno, per favore.* | Etwas weniger, bitte. |
| *Un po' di più, per favore.* | Etwas mehr, bitte. |
| *più piccolo/ più grande* | kleiner/größer |
| *Dove posso trovare …?* | Wo bekomme ich …? |
| *Vorrei …* | Ich hätte gerne … |
| *Per favore, mi dia un pacco di …* | Geben Sie mir bitte eine Packung … |
| *Per favore, mi faccia vedere …* | Zeigen Sie mir bitte … |
| *Dica, prego!* | Bitte schön! (Sie wünschen?) |
| *Posso aiutarLa?* | Kann ich Ihnen helfen? |
| *Lo posso provare?* | Kann ich das anprobieren? |
| *Accetta carte di credito?* | Nehmen Sie Kreditkarten? |
| *Vorrei qualcosa* | Ich hätte gerne |

| | |
|---|---|
| di meno caro. | etwas Billigeres. |
| troppo caro | zu teuer |
| Ho la taglia … | Ich habe Größe … |
| Ha anche la | Haben Sie das |
| taglia …? | auch in Größe …? |
| È troppo grande/ | Das ist zu |
| piccolo. | groß/klein. |
| la svendita | Ausverkauf |
| la camicia | Hemd |
| i pantaloni | Hose |
| il cappotto | Mantel |
| la gonna | Rock |
| il vestito | Kleid |
| il collant | Strumpfhose |
| le calze | Strümpfe |
| il blazer | Blazer |
| la giacca | Jacke |
| il foulard | Halstuch |

**Colori** — **Farben**

| | |
|---|---|
| scuro | dunkel |
| chiaro | hell |
| blu | blau |
| marrone | braun |
| giallo | gelb |
| rosso | rot |
| verde | grün |
| nero | schwarz |
| bianco | weiß |
| grigio | grau |

### Essen und Trinken

**Wo bekommt man's**

| | |
|---|---|
| la panetteria | Bäckerei |
| la pasticceria | Konditorei |
| la macelleria | Fleischerei |
| il negozio | Geschäft |
| il mercato | Markt |
| il negozio di generi alimentari | Lebensmittelgeschäft |
| il supermercato | Supermarkt |

**Al ristorante** — **Im Restaurant**

| | |
|---|---|
| Scusi, c'è un buon ristorante? | Wo gibt es hier ein gutes Restaurant? |
| Un tavolo per … persone, per favore. | Einen Tisch für … Personen, bitte. |
| Può riservarci un tavolo stasera un tavolo per quattro persone. | Reservieren Sie uns bitte für heute abend einen Tisch für 4 Personen. |
| È libero questo tavolo? | Ist dieser Tisch noch frei? |
| Mi può dire dov'è la toilette, per favore? | Wo sind bitte die Toiletten? |
| Per di qui, prego. | Hier entlang, bitte. |
| Cameriere, il menu, per favore. | Bedienung, die Speisekarte, bitte. |
| la lista delle | Getränkekarte |

| | |
|---|---|
| bevande | |
| la lista dei vini | Weinkarte |
| Che cosa mi consiglia? | Was können Sie mir empfehlen? |
| Avete pietanze vegetariane? | Haben Sie vegetarische Kost? |
| Prendo … | Ich nehme … |
| Per antipasto/ dessert/secondo prendo … | Als Vorspeise/ Nachtisch/Hauptgericht nehme ich … |
| Per favore, un bicchiere di … | Bitte ein Glas … |
| Buon appetito! | Guten Appetit! |
| Alla salute! | Zum Wohl! |
| Vorrei una tazza di caffè. | Ich möchte eine Tasse Kaffee. |
| Il conto, per favore. | Die Rechnung, bitte. |
| Conti separati, per favore. | Wir möchten getrennt bezahlen. |
| Tutto un conto, per favore. | Alles zusammen, bitte. |
| Vorrei la ricevuta. | Ich möchte bitte eine Quittung. |
| È stato di Vostro gradimento? | Hat es Ihnen geschmeckt? |
| Grazie, era davvero molto buono. | Danke, sehr gut. |
| La riporti indietro, per favore. | Bitte nehmen Sie es zurück. |
| mangiare | essen |
| bere | trinken |
| l'acqua minerale naturale | Mineralwasser ohne Kohlensäure |
| gassata | mit Kohlensäure |
| la birra | Bier |
| il bicchiere | Glas |
| la bottiglia | Flasche |

**Pesce** — **Fisch**

| | |
|---|---|
| frutti di mare | Meeresfrüchte |
| cozze | Miesmuscheln |
| gamberetti | Garnelen |
| granchio | Krabbe |
| calamari | Tintenfische |
| carpa | Karpfen |
| sogliola | Seezunge |
| salmone | Lachs |
| tonno | Thunfisch |
| trota | Forelle |

**Carni** — **Fleisch**

| | |
|---|---|
| gallina | Huhn |
| pollo | Hähnchen |
| anatra | Ente |
| scaloppine | kleine Schnitzel |
| saltimbocca | Kalbsschnitzel |
| tacchino | Truthahn |
| fagiano | Fasan |
| frattaglie | Innereien |
| polpette | Fleischklößchen |
| bistecca | Steak |

| | |
|---|---|
| *braciola* | Rumpsteak |
| *fegato* | Leber |
| *montone* | Hammel |
| *vitello* | Kalbfleisch |
| *agnello* | Lammfleisch |

| | |
|---|---|
| **Pasta** | **Nudelgerichte** |
| *Pasta al burro* | mit Butter |
| *Pasta al pomodoro* | mit Tomaten- sauce |
| *Pasta al sugo* | mit Fleischsauce |
| *Pasta all'arrabbiata* | mit Tomatensau- ce und Chili |
| *Pasta alla carbo- nara* | mit Ei und Bauchspeck |
| *Pasta alla panna* | mit Sahne |
| *Pasta al pesto* | mit Basilikum, Pi- nienkernen und Käse |
| *Pasta alle vongole* | mit Venusmu- scheln |
| *penne* | kurze Nudeln |
| *tagliatelle* | Bandnudeln |
| *vermicelli* | Fadennudeln |

| | |
|---|---|
| **Verdura** | **Gemüse** |
| *gli asparagi* | Spargel |
| *gli spinaci* | Spinat |
| *le carote* | Karotten |
| *i fagioli* | Bohnen |
| *i piselli* | Erbsen |
| *le patate* | Kartoffeln |
| *l'insalata* | Salat |
| *il pomodoro* | Tomate |
| *il cetriolo* | Gurke |
| *le zucchine* | Zucchini |
| *il cavolfiore* | Blumenkohl |
| *la cipolla* | Zwiebel |
| *le verdure crude* | Rohkost |

| | |
|---|---|
| **Frutta** | **Obst** |
| *la mela* | Apfel |
| *la pera* | Birne |
| *le fragole* | Erdbeeren |
| *i lamponi* | Himbeeren |
| *le ciliege* | Kirschen |
| *il melone* | Melone |
| *la pesca* | Pfirsich |
| *l'albicocca* | Aprikose |
| *il pompelmo* | Pampelmuse |
| *la banana* | Banane |
| *le prugne* | Pflaumen |
| *il limone* | Zitrone |
| *l'arancia* | Apfelsine |
| *l'uva* | Weintrauben |

| | |
|---|---|
| **Modi di cottura** | **Zubereitungsar- ten** |
| *a vapore* | gedämpft |
| *arrosto* | gebraten |
| *al forno* | gebacken |
| *fritto* | fritiert |
| *alla brace* | gegrillt |
| *al cartoccio* | in der Folie gebacken |

| | |
|---|---|
| *gratinato* | überbacken |
| **Un mucchio di altre cose** | **Was es sonst noch gibt** |
| *il latte* | Milch |
| *la panna* | Sahne |
| *il formaggio* | Käse |
| *lo yogurt* | Joghurt |
| *le uova* | Eier |
| *il burro* | Butter |
| *le spezie* | Gewürze |
| *l'aglio* | Knoblauch |
| *il sale* | Salz |
| *il pepe* | Pfeffer |
| *lo zucchero* | Zucker |
| *l'aceto* | Essig |
| *l'olio* | Öl |
| *il miele* | Honig |
| *il ghiaccio* | Eis |

| | |
|---|---|
| **Dal panettiere** | **Beim Bäcker** |
| *il pane* | Brot |
| *il pane misto di segale e frumento* | Graubrot |
| *il pane nero* | Schwarzbrot |
| *il pane bianco* | Weißbrot |
| *i biscotti* | Gebäck |
| *la torta* | Torte |

### Kosmetik/Presse/Öffentliche Verkehrsmittel

**Was Sie zur Körperpflege brauchen**

| | |
|---|---|
| *lo spazzolino da denti* | Zahnbürste |
| *il dentifricio* | Zahnpasta |
| *il cotone idrofilo* | Watte |
| *la crema da barba* | Rasiercreme |
| *le lamette* | Rasierklingen |
| *i fazzoletti* | Taschentücher |
| *il pettine* | Kamm |
| *il rossetto* | Lippenstift |
| *la saponetta* | Seife |
| *l'asciugacapelli* | Haartrockner |
| *l'asciugamano* | Handtuch |
| *lo shampoo* | Haarwaschmittel |

| | |
|---|---|
| **All'edicola** | **Im Zeitschriften- laden** |
| *il giornale* | Zeitung |
| *la rivista* | Zeitschrift |
| *Vorrei un giornale tedesco.* | Ich hätte gerne eine deutsche Zeitung. |
| *la carta* | Papier |
| *la carta da lettere* | Briefpapier |
| *la busta* | Briefumschlag |
| *la penna a sfera* | Kugelschreiber |

| | |
|---|---|
| **Mezzi di trasporto** | **Öffentliche Ver- kehrsmittel** |
| *il treno* | Zug |
| *la stazione* | Bahnhof |
| *l'autobus* | Bus |
| *l'aereo* | Flugzeug |

89

| | |
|---|---|
| l'aeroporto | Flughafen |
| la nave | Schiff |
| il porto | Hafen |
| il traghetto | Fähre |
| Quando parte il prossimo …? | Wann fährt der nächste …? |
| … l'ultimo …? | … der letzte…? |
| un biglietto | Fahrkarte |
| partenza | Abfahrt |
| arrivo | Ankunft |
| uscita | Ausgang |
| entrata | Eingang |
| ritardo | Verspätung |

| **Assistenza medica** | **Medizinische Versorgung** |
|---|---|

| **Dal medico** | **Beim Arzt** |
|---|---|
| il medico | Arzt |
| il dentista | Zahnarzt |
| Ho mal di gola. | Ich habe Halsschmerzen. |
| Non mi sento bene. | Ich fühle mich nicht wohl. |
| Mio marito/mia moglie sta male. | Mein Mann/meine Frau ist krank. |
| Ho fatto un'indigestione. | Ich habe mir den Magen verdorben. |
| Sono molto raffreddato/a. | Ich bin stark erkältet. |
| Sono al … mese di gravidanza. | Ich bin im … Monat schwanger. |
| Ho la pressione alta/bassa. | Ich habe einen hohen/niedrigen Blutdruck. |
| Ho dei dolori qui. | Hier habe ich Schmerzen. |
| Non sopporto bene questo clima. | Ich vertrage dieses Klima nicht. |
| Mi sono ferito/a. | Ich habe mich verletzt. |

| | |
|---|---|
| il braccio | Arm |
| il cuore | Herz |
| il dente | Zahn |
| il ginocchio | Knie |
| la gamba | Bein |
| la mano | Hand |
| il naso | Nase |
| l'occhio | Auge |
| l'orecchio | Ohr |
| la pelle | Haut |
| il piede | Fuß |
| la testa | Kopf |

| | |
|---|---|
| la diarrea | Durchfall |
| il vomito | Erbrechen |
| la nausea | Brechreiz |
| la tosse | Husten |
| il mal di testa | Kopfschmerzen |
| i disturbi circolatori | Kreislaufstörungen |
| la lombaggine | Hexenschuss |

| | |
|---|---|
| la scottatura | Sonnenbrand |
| le vertigini | Schwindel |
| la pomata | Salbe |
| la compressa | Tablette |
| il sonnifero | Schlaftabletten |
| le gocce | Tropfen |
| l'analgesico | Schmerzmittel |
| le bende | Verbandszeug |

### Wo? Wie? Was? – Orientierung

**Wie man nach dem Weg fragt (und die Antwort versteht)**

| | |
|---|---|
| Scusi, dov'è …? | Entschuldigung, wo ist …? |
| Come si arriva a …? | Wie komme ich nach …? |
| Come si arriva nel modo più veloce alla stazione? | Wie komme ich am schnellsten zum Bahnhof? |
| Sempre diritto. | Geradeaus. |
| A destra. | Nach rechts. |
| A sinistra. | Nach links. |
| È questa la strada per …? | Ist das die Straße nach …? |

**Welche Sehenswürdigkeiten gibt es in der Stadt**

| | |
|---|---|
| il ponte | Brücke |
| il castello | Schloss |
| l'anfiteatro | Amphitheater |
| la fontana | Brunnen |
| il monumento | Denkmal |
| il fiume | Fluss |
| la chiesa | Kirche |
| il museo | Museum |
| il municipio | Rathaus |
| le rovine | Ruine |
| la cappella | Kapelle |
| il parco | Park |
| il palazzo | Palast |

| **Telefonare** | **Telefonieren** |
|---|---|
| Dov'è che si può telefonare qui? | Wo kann ich hier telefonieren? |
| Dove posso comprare una carta telefonica? | Wo bekomme ich eine Telefonkarte? |
| Qual è il prefisso di …? | Wie ist die Vorwahl von …? |
| Non risponde nessuno. | Es meldet sich niemand. |
| Provi ancora una volta. | Versuchen Sie es noch einmal. |

| **La camera** | **Unterkunft** |
|---|---|
| Mi saprebbe dire dove posso trovare una camera? | Wissen Sie, wo ich hier ein Zimmer finden kann? |

| | |
|---|---|
| Cerco un alloggio. | Ich suche eine Unterkunft. |
| Quanto costa? | Wieviel kostet es? |
| Mi può fare una prenotazione? | Können Sie für mich dort reservieren? |
| È lontano da qui? | Ist es weit von hier? |
| Come ci si arriva? | Wie kommt man dorthin? |
| Avete una camera doppia/singola libera? | Haben Sie ein Doppelzimmer/Einzelzimmer frei? |
| Posso vedere la camera? | Kann ich das Zimmer ansehen? |
| Si può aggiungere un lettino per bambini? | Können Sie ein Kinderbett aufstellen? |
| il lavandino | Waschbecken |
| con doccia e WC | mit Dusche und WC |
| Partiamo domattina. | Wir reisen morgen früh ab. |
| Prepari il conto, per favore. | Machen Sie bitte die Rechnung fertig. |
| Mi chiama un taxi, per favore? | Können Sie mir bitte ein Taxi rufen? |
| il campeggio | Campingplatz |
| la tenda | Zelt |

## Il tempo — Wetter

| | |
|---|---|
| Che tempo farà oggi? | Wie wird das Wetter heute? |
| Ha già sentito le previsioni del tempo? | Haben Sie schon den Wetterbericht gehört? |
| Fa/Farà caldo. | Es ist/wird warm. |
| molto caldo | heiß |
| freddo/fresco | kalt/kühl |
| C'è afa/tempesta. | Es ist schwül/stürmisch. |
| Quanti gradi ci sono? | Wieviel Grad haben wir? |
| la nuvolosità | Bewölkung |
| il temporale | Gewitter |
| il caldo/la pioggia/il sole | Hitze/Regen/Sonne |
| il vento/la nuvola | Wind/Wolke |

## I numeri — Zahlen

| | |
|---|---|
| uno | eins |
| due | zwei |
| tre | drei |
| quattro | vier |
| cinque | fünf |
| sei | sechs |
| sette | sieben |
| otto | acht |
| nove | neun |
| dieci | zehn |
| undici | elf |
| dodici | zwölf |
| tredici | dreizehn |
| quattordici | vierzehn |
| quindici | fünfzehn |
| sedici | sechzehn |
| diciassette | siebzehn |
| diciotto | achtzehn |
| diciannove | neunzehn |
| venti | zwanzig |
| trenta | dreißig |
| quaranta | vierzig |
| cinquanta | fünfzig |
| sessanta | sechzig |
| settanta | siebzig |
| ottanta | achtzig |
| novanta | neunzig |
| cento | hundert |
| mille | tausend |
| duemila | zweitausend |

## L'ora/Il calendario — Zeitangaben/Kalender

| | |
|---|---|
| Che ore sono? | Wie spät ist es? |
| Sono le … | Es ist … |
| adesso | im Moment |
| oggi | heute |
| ieri/l'altro ieri | gestern/vorgestern |
| domani/dopodomani | morgen/übermorgen |
| di mattina/di pomeriggio/di sera | vormittags/nachmittags/abends |
| giorno | Tag |
| settimana | Woche |
| mese | Monat |
| anno | Jahr |
| lunedì | Montag |
| martedì | Dienstag |
| mercoledì | Mittwoch |
| giovedì | Donnerstag |
| venerdì | Freitag |
| sabato | Samstag |
| domenica | Sonntag |
| gennaio | Januar |
| febbraio | Februar |
| marzo | März |
| aprile | April |
| maggio | Mai |
| giugno | Juni |
| luglio | Juli |
| agosto | August |
| settembre | September |
| ottobre | Oktober |
| novembre | November |
| dicembre | Dezember ■ |

# Go Vista INFO GUIDES

**Andalusien**

**Bayerischer Wald**
mit Landshut, Regensburg und Passau

**Bodensee**
mit Konstanz

**Erzgebirge**

**Gardasee**
mit Verona und Brescia

**Gran Canaria**
mit Las Palmas

Italienische
**Adria**

**Kroatien**

**Lettland**

**Madeira**
& Azoren

**Mallorca**
mit Palma de Mallorca

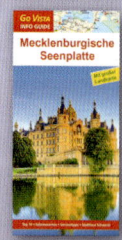
**Mecklenburgische Seenplatte**

# Jetzt über 100 Titel lieferbar

Alle Go Vista Info Guides haben
96 oder 144 Seiten, 80–130 Farbfotos und eine
ausfaltbare Karte. Format: 10,5 x 21 cm.

*Auswahl aktueller Titel*

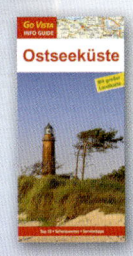

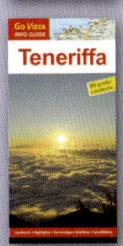

## Bildnachweis

Klaus Acker, Köln: S. 3 u.
Rainer Hackenberg, Köln: S. 3 o. l., 19, 20, 22, 24, 25, 33, 42, 47, 74 u.
Herbert Hartmann, München: S. 4/5, 14, 32, 37, 56, 60, 67, 72, 85
iStockphoto/Tramont_ana: S. 53
Volkmar E. Janicke, München: S. 3 o. Mitte, 11, 13, 30, 35, 43, 51, 54, 57
Gerold Jung, Ottobrunn: Schmutztitel (S. 1), S. 2 o. l., 2 o. Mitte, 2 o. r., 16, 26, 28, 29, 75

Renzo Ristori, Nuoro: S. 34, 38, 39, 44, 46/47 u., 48, 50, 61, 62, 76/77
Horst Schmidt-Brümmer, Köln: S. 3 o. r., 10, 15, 17, 18, 49, 82
Vista Point Verlag (Archiv), Potsdam: S. 8, 68, 71, 74 o.

**Schmutztitel** (S. 1): Natürliche Steinskulptur – »Der Bär von Palau«
**Seite 2/3** (v. l. n. r.): Hafen von Maddalena, am Capo del Falcone, San Francesco in Alghero, Castelsardo, Capo Caccia, Strand von Capriccioli, die wilden weißen Esel auf der Insel Asinara (S. 3 u.)

Konzeption, Layout und Gestaltung dieser Publikation bilden eine Einheit, die eigens für die Buchreihe der **Go Vista City/Info Guides** entwickelt wurde. Sie unterliegt dem Schutz geistigen Eigentums und darf weder kopiert noch nachgeahmt werden.

© Vista Point Verlag GmbH, Birkenstr. 10, D-14469 Potsdam
2., aktualisierte Auflage 2014
Alle Rechte vorbehalten
Verlegerische Leitung: Andreas Schulz
Reihenkonzeption: Vista Point-Team
Bildredaktion: Horst Schmidt-Brümmer
Lektorat: Kristina Linke, JB Bild | Text | Satz, Köln
Layout und Herstellung: Kerstin Hülsebusch-Pfau, Sandra Penno-Vesper
Reproduktionen: Litho Köcher, Köln
Kartographie: Kartographie Huber, München
Druckerei: Colorprint Offset, Unit 1808, 18/F., 8 Commercial Tower, 8 Sun Yip Street, Chai Wan, Hong Kong

ISBN 978-3-86871-698-6

**An unsere Leser!**
Die Informationen dieses Buches wurden gewissenhaft recherchiert und von der Verlagsredaktion sorgfältig überprüft. Nichtsdesto-weniger sind inhaltliche Fehler nicht immer zu vermeiden. Für Ihre Korrekturen und Ergänzungsvorschläge sind wir daher dankbar.

**VISTA POINT VERLAG**
Birkenstr. 10 · 14469 Potsdam
Telefon: +49 (0)331/81736-400 · Fax: +49 (0)331/81736-444
www.vistapoint.de · info@vistapoint.de